Trilogie:

„Die SCHÖPFUNG"
„Die GABE"
„Das BEKENNTNIS"

Alexander Swidsinski
Stand 11.03.23
Charité-Berlin-Gahro

DAS
BEKENNTNIS

durch Nacht
zum Licht

UNIVERSUM
und
WIR

© 2023, Alexander Swidsinski
Herstellung und Verlag:
BoD – Books on Demand, Norderstedt
ISBN: 9783748199229

Inhalt:

V

VI

Zur Darstellung:
Alles Zitierte ohne Angabe eines Autors ist *kursiv* hervorgehoben. Autoren sind nicht erwähnt, wenn sie in Internetsuchmaschinen leicht zu ermitteln sind.

Was man sonst in Fußnoten unterbringt, wurde im Text belassen und in (Klammern gesetzt) oder grau markiert.

„DAS BEKENNTNIS"

fasst das Positive der Trilogie

„UNIVERSUM und WIR" zusammen:
  „Die Schöpfung"   (das Leben im Ganzen)
  „Die Gabe"   (Körper und Geist)
  „Das Bekenntnis."

Es führt den Leser ohne Umwege zu dem, was das eigentlich Menschliche ausmacht – dem Bewusstsein, dem Geist und der Seele. Im Vordergrund stehen Fragen: **woher kommt der Mensch und wohin geht er, was sind die eigentliche Bestimmung und die anstehenden Aufgaben der Menschheit.**

Erklärungen und Polemik werden im dritten Buch gemieden. Diejenigen, denen dabei etwas zu schmucklos, unverständlich und unzureichend begründet erscheint, werden auf die ersten beiden Bücher der Gesamtausgabe verwiesen.

drittes buch

DAS BEKENNTNIS

Jetzt stand der Mensch und wies den Sternen

Es ist an der Zeit, eine neue Bewegung auszurufen – **die Lebensbewegung.** So wie bisher, einfach dahinleben, ist für den Menschen nicht mehr würdig, aber auch nicht möglich. Zum Vegetieren bietet der Planet Erde keinen freien Platz mehr. Das Besondere dieser Bewegung soll nicht ihre Organisation sein. Zentral ist das bewusste Bekenntnis seiner Mitglieder zur Förderung des Lebens – ein Eid und eine Bestimmung zugleich. Möge sich jeder so einbringen, wie er es am besten kann und für richtig hält.

Nicht, dass sich bisher niemand darum kümmerte. Die menschliche Geschichte ist ein Ringen um die Auslegung von Lebensfragen. Es gibt kaum eine politische Bewegung, die sich nicht auf das Leben beruft oder als dessen Schirmherr aufführt. Oft wird dabei das Wort „Leben" wie einst das Wort „Gott" zwecks Verführung und zum Verdecken der

1

inhaltlichen Leere missbraucht. Man will hoch hinaus, verliert dabei alle anderen aus den Augen und landet bei Egoismus und Überheblichkeit.

Bei der Lebensbewegung, die wir anstreben, geht es nicht um griffige Phrasen und Schlagworte, um Rezepte für ein angeblich „besseres, gerechteres Leben", welche man der Menschheit (gemeint sind stets die Anderen) verordnen will, sondern um die Besinnung jedes Einzelnen auf das Wesentliche, die Bereinigung der Lebensinhalte von Scheinerklärungen und Vorurteilen.

Politische Parteien und sonstige Vereine gibt es viele. Gut so. Die Lebensbewegung ist für sie keine Konkurrenz. Mehr noch, sie erklärt keine davon zu Gegnern. Im Gegenteil, die Lebensbewegung steht allen Verbänden offen, sofern diese der Vervollkommnung des Lebens beitragen – ganz gleich wie und wo. Aber sie unterwirft sich niemandem und folgt allein dem Wahren.

Man kann die Wahrheit nie vollständig kennen? Wenn schon!

Man muss eben immer weiter lernen und

gegenüber Neuem offen sein. Die Aufgaben der Lebensbewegung sind nur gemeinsam zu meistern. Keinem wird es je möglich sein, alle Fragen in eigener Regie zu lösen.

Der folgende Abschnitt fasst die

I. Voraussetzungen und Quellen,
II. Grundsätze und
III. Ziele

der Lebensbewegung zusammen.

—

- I -

URSPRUNG

Das Leben ist ein Wettlauf zwischen Erneuerung und Zerstörung. Wie sehr das Leben sich auch vorsieht, Gefahren lauern überall, wo es an Erfahrung mangelt. Das Leben minimiert das Risiko, vervielfältigt das einmal Erreichte auf der Höhe des Erfolgs und verteilt Anleitungen hierzu in Satzungen von Empfehlungen an die Erben. So entgeht das Leben dem Versagen.

Die Nachkommen sind zunächst zu den Anfängen zurückversetzt. Sie beginnen jedoch nicht hilflos von vorn, sondern bewegen sich in den Fußstapfen ihrer Ahnen. Dabei folgen sie sicher den vererbten Wegweisern bis eine unbekannte Situation eintritt und ein neues Herangehen erfordert.

Einige zerbrechen an dem Unverhofften, andere finden einen Ausweg und fügen die entdeckten Lösungen dem Erfahrungsschatz künftiger Generationen bei. Das individuelle Leben fasst die Evolutionsgeschichte einer Art zusammen. Es beinhaltet das Reifen, Vordringen ins Ungewisse, kleine und große Siege, Vervollkommnung, Sicherung des Vermächtnisses, Neuanfang, aber auch Verluste, Alterung und Tod.

WEGWEISER

Würde das Leben jede Eroberung mit sich tragen, käme es nicht weit. Der Schneeball des Brauchbaren wäre nach wenigen Schritten nicht mehr zu bewegen. Doch wozu Steine herumschleppen, wenn sie überall zu finden sind? Beschreibungen, wie man aus einem unförmigen Steinbrocken – Schaber, Axt oder Pfeilspitze herstellt, genügen. Satzungen bewahren das Erreichte in Gebrauchsanweisungen und lassen sich mühelos mitnehmen. Das Leben löst sich von dem Stofflichen in der Gewissheit, es jederzeit wiederaufzubauen und jeden Lebensvorgang dort fortzusetzen, wo das Leben schon einmal stand und mit dem, was es schon einmal besaß.

Die bedeutendsten Satzungen der Lebenserfahrung sind:

das Genom (in Abfolge von Genen festgehaltene Anweisungen individueller körperlicher Entfaltungen),

die Kultur (Rituale, Traditionen, Gesetze, soziale, berufliche und politische Werkzeuge, Bauten, Straßen, kurz Kulturlandschaft),

das Bewusstsein (in Symbolen der Mitteilung verfasste Erfahrungen der Menschheit), und

das Geistige (die Gesamtheit der von der Menschheit und anderen Lebewesen gesammelter Erfahrungen, die schriftlich oder anderswie festgehalten sind).

Das Genom

Die Satzungen des Genoms sind auf seine Besitzer zugeschnitten. Ihr Ausbau erfolgt ursprünglich selbstbezogen und linear. Die Organismen reifen, erstürmen Hindernisse, vermehren sich. Dabei passen sie sich den Umständen an, optimieren ihre Körperlichkeit und die Anleitungen hierzu in ihren Genen. Die Erfolgreichen wachsen und nehmen weniger Geschickten die Gelegenheit zum Weiterkommen. Bessere Erfahrungen setzen sich durch und kumulieren, lassen sich aber allein auf die Nachkommen übertragen (daher die Bezeichnung linear) und sind auf das eigens Erlebbare begrenzt. Was das Eigene stört, wird bekämpft. Unweigerlich – „Jeder ist des anderen Feind." Anders lässt sich der Fortschritt bei der linearen Vererbung nicht gewähren.

Die Sexualität überwindet die Enge der Individualität, ohne ihre Einzigartigkeit zu schmälern. Die Organismen handeln gemäß ihrer eigenen Sicht und Gene, kreuzen aber in ihren Kindern das sich Ergänzende beider Eltern. Das Leben sexueller Arten dient nicht so sehr der Vermehrung und Weitergabe der eigenen, sondern der Bereicherung der Nachkommen durch fremde Erfahrungen, zu denen der Einzelne sonst keinen Zugang hat. Man kann nicht zeitgleich an zwei verschiedenen Orten auftreten und Erfahrungen sammeln. Die Sexualität macht es möglich, indem sie die Resultate auseinanderlaufender Vermehrungslinien zusammenbringt.

Kinder sexueller Arten vereinen die Gene ihrer Eltern. Die Eltern dürfen (und sollen sogar) in vielem unterschiedlich sein, solange sie erfolgreich bleiben. Sexuelle **Zeugungen** werden hierdurch zu gezielten Schöpfungen von Neuartigem.

Die Sexualität führt aus der Enge der eigenen Sicht hinaus. Mehr noch, sie vernetzt und bindet eine Art zu einer **Fortpflanzungsgemeinschaft**.

Alle Spezies sind an der Gestaltung künftiger Generationen beteiligt. Die herausragenden Erfahrungen einzelner Lebensinhalte beginnen sich frei und vorgreifend (wenn auch zunächst nur paarweise) zwischen den einzelnen Lebewesen zu bewegen und zukunftsträchtige

Bindungen einzugehen.

Die neuartigen Fähigkeiten der Kinder erlauben es ihnen, sich in Lebensräumen auszubreiten, die ihren Vorfahren verschlossen waren. Nicht mehr eine stumpfe Vermehrung, sondern die unbeschwerte Ausbreitung in neuartigen Horizonten sichert die zugrundeliegenden Gene. Der Kampf mit dem Fremden und dessen Verdrängung wird dabei zweitrangig. Das Fremde kommt einfach nicht mit, um ernsthaft zu stören. Es hat keine Anlagen hierzu. Entscheidend wird dagegen die Wechselwirkung zwischen dem Organismus und seinem Lebensraum, denn Probleme kommen unweigerlich auf, sobald der erschlossene Lebensraum ausgefüllt bzw. aufgebraucht wird.

Kultur

Die Lebenstätigkeit verändert die Atmosphäre, Gewässer und Böden. Diese unbeabsichtigten, jedoch unumkehrbaren Veränderungen wirken bestimmend auf das Erdenleben zurück. Ihre Folgen können sowohl großartige Gelegenheiten wie arge Nöte bringen. Die Kultur wirkt ähnlich, jedoch vorausschauend und nicht zum

Nachteil ihrer Träger. Sie schafft zielgerichtet günstige Verhältnisse und beschleunigt den Fortschritt enorm. Mehr noch, die Kultur arbeitet gern mit Nicht-Blutsverwandten, solange diese ihre Weisungen befolgen.

Kultursatzungen werden in den Gewohnheiten, Traditionen und Ritualen lebender Generationen festgehalten. Ihre Vorschriften müssen nicht auf eine Verankerung in den Genen warten, sondern führen diese herbei. Dies geschieht von selbst. Die Kultur fördert geeignete Begabungen und diese stärken rückwirkend die Kultur. Umgekehrt, Genvermehrung wird jenseits der Kultur schwer möglich und unterwirft sich kulturellen Anforderungen. Hiermit tritt die Vermehrung aus der Enge familiärer Verhältnisse heraus und liefert immer reichhaltigeres menschliches Material zur weiteren Kulturentfaltung.

Die schöpferischen Möglichkeiten der Kultur sind viel breiter als die der Sexualität, haben jedoch eigene Grenzen. Zwecks Überordnung wehrt sich die Kultur gegen alles, was die Bestimmtheit ihrer Satzungen stört (sonst würden diese nichts bedeuten) und verbreitet sich durch Entfaltung, Verdrängung oder Unterwerfung von Nicht-Kulturgleichem. Die Bestätigung oder Ablehnung der Kulturinhalte obliegt dabei der Geschichte.

Die Geschichte ist unübertroffen im Rückblick, und praktisch blind im Vorausschauen. In ihrer Unnachgiebigkeit liegt die Stärke (der geschichtliche Rückhalt) aber auch der Schwachpunkt der Kultur (fehlende Vorwegnahme). Es wäre ein Armutszeugnis, wenn man wegen der Zugehörigkeit zu einem Kulturkreis auf Tora, Bibel, Koran, Aristoteles, Konfuzius, Baker, auf Mark Twain, Omar Khayyam, Nietzsche, Dostojewski, Bergson und andere nicht „kulturgleiche" Werke (heute verwendet man das Wort „Werte-teilende" dafür) als Quelle von Eingebungen verzichten müsste. Tiefste Finsternis zieht auf, wenn jemand sich *„das Recht nimmt, den geistigen Unflat in die Flammen hineinzuwerfen,"* oder der augenblicklichen politischen Korrektheit wegen Worte, Sätze, Werke zeitloser Klassiker aus den Bibliotheken und dem Verkehr zu ziehen.

Frei ist, wer ruhigen Gewissens sagen kann – ich bin ein Mensch, aus einem bestimmten

Umfeld des blauen Planeten kommend, eben ein Erdling.

Den Zugang hierzu gewährt allein das Bewusstsein.

Bewusstsein

Das Bewusstsein formuliert Inhalte in einer universell übersetzbaren Sprache. Ihre Satzungen vermitteln Erfahrungen ohne Zwang und unabhängig von der genetischen oder ethnischen Abstammung. Es zählt allein, ob man die Sprache versteht und ob das Mitteilbare dem Empfänger eine Erhebung über die Umstände, breitere Sicht und Weiterkommen ermöglicht (d.h. ob das, was man sich aneignet, einer Realität entspricht).

Das deutsche Wort Bewusstsein rückt das **Sein** des Bewusstgewordenen in den Vordergrund und unterstreicht somit dessen Stellenwert. Eine weitere Hilfestellung zum: Wie sein? Was sein? Wozu sein? – fehlt. Andere Sprachen drücken das Wesen des Begriffes anschaulicher aus: **Co-gnosis, со-знание, con-scientia** bedeuten wörtlich „Mit-wissen". Keine Frage, das Wichtigste am Bewusstsein ist das „**Mit-**

Wissen", „Mit-Denken", „Mit-Sprechen".
**Bewusst-sein bedeutet somit denken, einge-
bettet in die Sprache der gesamten Menschheit.**

Denken kann jedes Lebewesen. Einige Lebewesen tun es auf bestimmten Gebieten sogar
besser als Menschen. Miteinander sprechen unter Ausnutzung von Tonzeichen und Gesten ist
auch typisch für Wildlife. Das Durchdachte
ausschließlich in eine Sprache zu kleiden,
macht bisher jedoch nur der Mensch. Die Sprache gehört aber nicht dem Individuum, sondern
wird von der Menschheit entliehen. Das Ver-
wenden gemeinsamer Bezeichnungen zur Dar-
legung eigener Gedanken bindet Einzelne in
das Überindividuelle und weit höhere „gesamtmenschliche **Sein**" ein.
Die Wirksamkeit des Bewusstseins ist in der
Tat überragend. Jeder lebt quasi für sich. Er
denkt aber automatisch mit allen zusammen
und (gewollt oder nicht) gestaltet Satzungen
des kollektiven Wissens. Das Bewusstsein
dehnt die Reichweite der Individualität, Sexualität und Kultur aus. Jedes Lebewesen, das in
Symbolen des Bewusstseins denkt, formt es

(unwissentlich) stellvertretend für alle Wesen und nicht nur für sich, seine Art-, Sonnen- oder Galaxie-Angehörigen und bereitet somit den Weg für das Geistige.

Das Geistige entsteht zusammen mit der Schrift und erweitert das Bewusste um die Tiefe des Universums. Die geistigen Inhalte werden nicht mehr ausschließlich im Gedächtnis lebender Menschen aufbewahrt, sondern in den eigens hierfür erschaffenen Ton-, Bild- oder schriftlichen Zeugnissen festgehalten. Somit fallen jegliche Schranken der Wissenserfassung und Ausbreitung weg. Das Formale der Sprache wird unwichtig. Biologie, Molekulargenetik, Paläontologie, Archäologie, Linguistik und Geschichtsforschung erschließen für das Bewusstsein Inhalte fremdartiger, aber auch ausgestorbener Lebewesen und Kulturen, gleich welche Sprache diese verwenden(ten), gleich wie korrekt oder falsch diese liegen (lagen). Strukturen, Mineralien, Sterne, Gene, Hieroglyphen, Worte oder Bitfolgen werden dabei zu offenen Büchern. Findet man einen Schlüssel zu deren Deutung und Übersetzung, so fügt man ihre Inhalte dem

„Gesamtmenschlichen" hinzu. Von wem und wie die Inhalte aufgeschrieben und ob sie überhaupt aufgeschrieben wurden, wird unwichtig. Die Archäologie zeigt, dass die Sprache der Tätigkeiten nicht weniger inhaltsreich ist, als die Sprache von Legenden und in Vielem sogar die Ereignisse genauer abbildet.

Molekularstrukturen, Gensequenzen, Kulturartefakte, selbst Abfälle und Ausscheidungen wurden auf einmal lesbar. Man wühlt in diesen nicht, weil sie ausdrucksstark sind, sondern weil sie es dem Geist erlauben, weiter als zuvor in die Wirklichkeit vorzudringen. Das Geistige wird zur wichtigsten Nahrung und Lebensquelle für diejenigen, die bereit sind, davon zu kosten und das Wertvollste davon aufzunehmen. Das Aufgedeckte soll ruhig widerspenstig, verworren, ja abstoßend oder auch umgekehrt, beflügelnd wirken. Was davon und wie genutzt wird, liegt allein bei den darin Suchenden.

Die Aneignung des Geistigen macht jeden zum aufsaugenden Schwamm, zum himmelschießenden Spross und zu einer reifenden Frucht neuer Erkenntnisse, all das zeitgleich und in

14

einem. Die einst so wichtigen Dinge wie Abstammung, Clan-, Ethnos, Nation-, Staat- und Sozialangehörigkeit verlieren an Bedeutung. Entscheidend wird die Qualität der Inhalte und die Fähigkeiten der darin Stöbernden, diese zu begreifen. Das Geistige in seiner Gesamtheit wird zum Bewahrer und Schützer des bisher Errungenen.

Der Weg von egoistischen Genen bis zur Kultur und dem „das Weltall erfassenden Bewusstsein" war lang, gewunden und steinig. Der Vorgang ist noch nicht abgeschlossen. Wenn wir ehrlich sein sollten, so steckt er erst in den Anfängen. Viele Hindernisse müssen noch aus dem Weg geräumt werden. Selbstverständlich ist dabei nichts.

Die Bewusstseinsinhalte werden vermittelt, aber nicht verordnet wie bei der Kultur. Bewusstseinsinhalte zwingen sich nicht auf, können es auch nicht. Denn das Wichtigste am Geistigen ist die eigenständige Prüfung und Auswahl durch den Empfänger. Hierfür muss er erst einmal reif und zu selbstständigem Denken fähig sein.

Menschen sind sterblich. Kinder beginnen alles

von vorne. Am Anfang individueller Entwicklungen liegen daher weiterhin Gene, Sexualität, Kultur – in dieser Reihenfolge. Erst danach wächst Bewusstes heran. Jedes Reifen wiederholt den Weg der Evolution in ihren wesentlichen Etappen. Wiederholung macht die Sache leichter, allerdings wirft sie die Zeuglinge jedes Mal zurück. Sowohl das Individuelle als auch das Gemeinsame müssen immer wieder von neuem aufgebaut werden.

DAS INDIVIDUELLE

Das Reifen beginnt nach der Geburt mit dem Befolgen von ererbten Satzungen. Bei dem ersten Auftreten von Umständen, in denen diese Satzungen gebraucht werden, ist der Einzelne überfordert. Die Situation ist für ihn neu. Das Individuum kann weder die Bedeutung noch die Folgen dieser Satzungen einschätzen. Mehr noch, ihre Aufforderungen sind gegensätzlich zu seiner bisherigen, noch sehr begrenzten Lebenserfahrung. Davor hat er anders reagiert und kam damit zurecht. Nun aber muss er etwas gänzlich Unbekanntes tun, ohne zu wissen, wie es ausgehen könnte. Um Folgsamkeit zu gewähren, werden die Weisungen des Reifens durch eine Hierarchie von inneren angeborenen Wertungen gestützt (man mag etwas oder mag es nicht, ohne zu wissen warum) und durch bestehende äußere biologische und kulturelle Zwänge (tu, was man dir sagt, sonst wehe dir) gesichert. Alle Zwänge nutzen sowohl Lob wie auch Strafen zu ihrer Durchsetzung. Folgt der Zögling den Weisungen, wird er belohnt. Weicht der Organismus vom Vorgezeichneten ab, wird er streng zurechtgewiesen.

Je uriger die Erfahrungen, desto indiskutabler sind ihre Geltungsansprüche, was der Enge einstiger Möglichkeiten entspricht. Ein Fehltritt nach rechts oder links war damals tödlich und ähnlich essenziell wird er darum auch dieses Mal empfunden.

Die Strenge der Zurechtweisungen nimmt von den genetischen über die biologischen, kulturellen bis zu den geistigen Satzungen ab. Das liegt an den Möglichkeiten, die sie einem erschließen. Je mehr man sich unter ihrer Leitung leisten kann, desto größere Freiheiten lassen diese innerhalb ihrer Geltungsbereiche zu.

Zum biologischen Dasein (**Tiersein**) genügt es, die eigenen körperlichen Anlagen (Sinne, Wahrnehmungen, Gehirn) aufzubauen und zu nutzen. Die Schritte hierfür wurden in der bisherigen biologischen Evolution perfektioniert und erfolgen automatisch.

Alles, was man für einen reibungslosen Ablauf braucht, ist, den Genen und Regungen einer nach und nach erwachenden Körperlichkeit zu folgen, das zu tun, was Freude macht und Ungemach meidet. Organe, Fähigkeiten, Körpereigenschaften formen sich dabei von allein.

Der Aufstieg zum **Kulturmenschen** erfordert die Befolgung von übergeordneten Kulturgeboten. Eine gewisse Spannung zwischen alt und neu, Kultur und Biologie ist unvermeidbar und mit Überwindung verbunden, allerdings ist der eigene Beitrag hierfür gering. Kultur befiehlt: tu so, wie man es dir sagt und nicht wie die Körperlichkeit es gerade will. Machst du es, so wirst du belohnt: bekommst einen Bonbon (Lob, Anerkennung, Geld, Macht). Stellst du dich quer, so riskierst du einen Klaps auf den Po (Verarmung, Verbannung, Gefängnis,

Hinrichtung). Die Qualität der Veredelung ist umso besser, je hochwertiger das biologische Material und höher der Stand der Kultur sind.

Zum biederen **Bürgerwerden** gehört braver Gehorsam gegenüber gesellschaftlichen und religiösen Gesetzen. Auch „erste Bürger", Helden und Staatsmänner werden so geboren.

Zur geistigen **Menschwerdung** ist eine Verinnerlichung des Bewussten und ein Aufstieg in die gesamtmenschliche Erfahrung unvermeidbar. Bewusstsein ist nur den Menschen eigen. Man kann daher dessen Ausbau mit der zunehmenden **Vermenschlichung** gleichsetzen.

Die Aneignung von Sprache und Bewusstsein ist nicht ein und dasselbe. Während die Sprache angelernt und durch Zwänge von Gebrauchsregeln unmissverständlich vermittelt wird, sind die Inhalte des Bewussten nicht festgeschrieben. Sie sind im Fluss, haben keine zeitlichen, nationalen oder geographischen Grenzen. In ihrem Rohzustand bieten Bewusstseinsinhalte eine Anhäufung individueller Vorstöße ins Unbekannte und die Resultate hierzu. Wenn wahllos zusammengeworfen, sind sie widersprüchlich und unüberschaubar. Ihre

Ordnung und Gewichtung obliegen entweder der Kultur oder den einzelnen Menschen. Die Kultur hat keinen eigenen Kopf. Sie bestätigt oder lehnt etwas rückwirkend ab und geht dabei von den historischen Folgen aus (Aufstieg und Untergang einzelner Kulturen) – ein recht schmerzhafter und langwieriger Vorgang. Dagegen findet eine geistige Vermenschlichung in einzelnen Köpfen statt. Zu ihrer Vervollkommnung bedarf es weder eigener noch fremder Untergänge, wohl aber Offenheit und Verbundenheit mit anderen, sowie die Fähigkeit, an fremden Beispielen zu lernen, was und wohin etwas führt.

Das Bewusstsein ist auf eigene Fähigkeiten und (noch viel mehr) auf die Qualität der fremden Vorarbeit angewiesen. Diese Vorarbeit besteht aus einem Knäuel von sehr bunten gesamtmenschlichen geistigen Erfahrungen. Die geistige Reifung Einzelner besteht in einer kritischen Bewertung und Ordnung des fremden Mischmaschs zu schlüssigen Konzepten. Die Kritik der reinen Vernunft ist daher eine unbedingte Voraussetzung der Läuterung. Bewusstes menschliches Denken lässt sich nicht anders als frei denken.

Das Geistige ist somit in seiner Entstehung immer das Freigeistige. Gene, Religion, Kultur, Gesetze sagen – mach so und nicht anders. Das Bewusstsein bietet Varianten an. Welche davon die Besseren sind, hat jeder selbst herauszufinden.

Im Gegensatz zu den Kulturgeboten, steht hinter dem Bewusstwerden kein übergeordneter Zwang. Es kann auch kein Zwang dahinterstehen, denn das einzige Kriterium, auf das man sich bei bewussten Entscheidungen stützen kann, ist nicht eine Autorität der Gene der Kultur oder Gesetze, sondern die Wirksamkeit und die Freiheit, die das Wissen erschließt. Das einzige, worauf sich das Bewusstsein uneingeschränkt stützen kann, ist die Wahrheit.

Die individuelle Reife ist daran messbar, wie viel Animalisches, Kulturelles, Bürgerliches, Freigeistiges oder einfach Menschliches jeweils in einem auf- und zusammenkommt.

Solange das Bewusstsein nicht heranreift, um die Führung zu übernehmen, walten jeweils tiefere Beweggründe. Ja, sie sind unnachgiebig und steif, aber umso eindeutiger und leichter zu befolgen.

Die initiale Übermacht vorgefertigter Satzungen schmälert nicht die Rolle der Selbstbesinnung. Die eigentliche Bedeutung des Geistigen wird jedoch erst sichtbar, wenn die verfügbaren Antworten von Genen der Körperlichkeit, Religion, Kultur und dem Gesetz versagen. Die Vorteile des Höheren sind daher nicht sofort und für alle offenkundig. Am Anfang der Menschwerdung ist der Vorzug ererbter Satzungen dagegen enorm. Dies führt (bei reibungslosem Ablauf der Kinder- und Jugendzeit) zur Neigung, sich blindlings auf das Einstige zu verlassen.

Das gedankenlose Befolgen von körperlichen oder kulturellen Satzungen ist bequem und gut, solange die Eventualitäten einigermaßen abgedeckt sind. Wächst man über die Grenzen hinaus, die von den Vorfahren erkundet und in sinnvollen Handlungsanweisungen festgehalten wurden, ist dies nicht mehr der Fall. Stellt man sich nicht rechtzeitig auf Unbekanntes ein, wird das Erwachsensein als Verlust von Illusionen empfunden. Das, was bisher spielend gelang, läuft auf einmal verkehrt. Die Resultate enttäuschen und verbittern die Betroffenen. Bleibt man auch nach diesen Vorwarnungen unbelehrbar, wird das Erwachsenwerden und Altern nur noch zu einem einzigen Frust. Das bequeme Leben rast vorbei, unmerklich (da mechanisch befolgt, jedoch nicht bewusst verarbeitet bzw. innerlich daran beteiligt) und endet niemals befriedigend.

Anders, wenn der Geist schon nach den ersten Schritten anspringt, sich anstrengt, prüft, vergleicht, und mit jedem noch so kleinen Erfolg der Umgestaltung, seine Selbstständigkeit gegenüber dem Gewohnten ausbaut. Das Gegebene ist gut, könnte es aber noch viel besser sein?

Das Bewusstwerden befreit von der Alternativlosigkeit des Befolgen-Müssens, improvisiert mit Gelegenheiten, multipliziert die eigene Wirksamkeit, statt sklavisch überholten Vorschriften zu dienen, bindet einzelne Menschen in das Gemeinsame ein. Das Geistige ermöglicht es seinen Schülern, sich auf die Dinge einzustellen, die sie niemals erlebten oder denen sie niemals begegnen werden und dennoch von nun an zum Eigenen und Bekannten zählen können.

DAS GEMEINSAME

Zusammen oder getrennt, das Leben ist immer komplex. Selbst die primitivsten Viren bestehen aus mehreren heterogenen Komponenten, die verschiedenen Zwecken dienen und aufeinander abgestimmt werden müssen. Bei flüchtiger Betrachtung des öffentlichen Lebens drängt sich wiederum die Frage auf – wo bleiben Abstimmung, Bündelung, Einklang? Alle rennen hin und her und jeder tut nur das Seine, komme da, was wolle. Wie soll Gemeinschaftssinn oder Bewusstsein aufkommen, wenn jeder Altruismus schon am banalen Streben zur Selbsterhaltung zerbricht?

Die Behauptung, Selbsterhaltung widerspreche dem Gemeinnutz, ist falsch! Selbsterhaltung ist die Notwendigkeit, all das zu schützen, was für die eigene Entfaltung wichtig ist. Gepflegt und erhalten werden dabei nicht der Zustand, sondern die Mittel, die das Vorankommen gewähren.

Je weiter das Leben fortschreitet, desto größer

ist der Umfang des hierfür Notwendigen, aber umso gewaltiger sind auch die Möglichkeiten, den Aufwand zu begleichen. Ein Spaten ist leichter zu bedienen und zu erhalten als ein Bagger. Mit einem Bagger lässt sich jedoch mehr bewerkstelligen. Bei unteren Entwicklungsstufen, wie einem Virus, beschränkt sich die Selbsterhaltung auf eine Sequenz von Virus-Genen bzw. Proteinen, beim Einzeller auf die Bedienung seiner Organellen, beim Vielzeller auf die Funktion des Zellverbandes. Und beim Menschen?

Das Neugeborene wiederholt die Erfolge seiner Evolutionsgeschichte. Es wächst, seine Möglichkeiten und Ansprüche wachsen mit. Zunächst verweilt der Embryo strikt bei den genetischen Abläufen, Koordinationen und der Unterhaltung einzelner Zellen und Organe. Für mehr reicht es nicht. Mit dem Ausreifen zum Kind und Jugendlichen kommt die Pflege des Könnens, der Kultur und der Bewusstseinsinhalte hinzu. Selbsterhaltungsansprüche entsprechen dem jeweiligen Entwicklungsstand. Die Kultur führt das Individuum über seine biologische Vorbestimmtheit hinaus. Das

Bewusstsein verleiht ihm Macht über das Weltall und bewegt den Menschen wiederum dazu, sich um das Ideelle zu kümmern. Gewiss bedeutet dieses Sich-Kümmern zusätzliche Auflagen und Sorgen, aber auch immense Quellen an Lebensenergie und Siegesfreuden.

Mit fortschreitender Reife wachsen die Selbsterhaltungsansprüche, der Bestand dessen, was die Einsicht für erhaltenswert hält und zu seinem Eigentum zählt. Von allein kommt hier nichts. Wer bei den „niederen" Regungen und Trieben stecken bleibt, kann den Gemeinsinn nicht verstehen, wendet sich in seiner Beschränktheit dagegen und tut schließlich nur sich selbst und Seinesgleichen weh. Die Reichweite der Sicht und Bestrebungen weist jedem den Platz zu, der ihm gebührt. Treffen zwei gleiche egoistische Ansprüche auf einen begrenzten unmittelbaren Gewinn, so verwickeln sich diese in ein aussichtsloses Kräftemessen. Zwar kann ein Gegenspieler dem anderen etwas abjagen, dies ist jedoch ein vorübergehender, dem Zufall überlassener Erfolg. Selbst wenn der Zank für eine der Seiten siegreich endet, wird der Gewinn durch die vergeudeten

Kräfte aufgebraucht. Ignoranz stößt und schiebt mit aller Kraft Ignoranz. Gegner, sofern ebenbürtig, bewegen sich nicht von der Stelle und sind unfähig, aneinander vorbeizukommen. Der Klügere gibt nach, weicht der Auseinandersetzung aus, und gewinnt dennoch.

Visionen, die neuartige Möglichkeiten erschließen, machen Streit überflüssig. Gewiss muss man die Überlegenheit erst erreichen und ungeachtet von Anfeindungen unbeirrt voranschreiten – ein Vorgang, der sowohl in der Evolution als auch während der Persönlichkeitsbildung seine Zeit beansprucht. Dennoch, während die schmalere Sicht ihre Kräfte in der Auseinandersetzung mit der gleichrangigen Banalität verschwendet, weicht die Weitsicht in freie Räume aus, wächst und entfaltet sich. Mitunter fügt die breitere Sicht die schmalere zum Katalog ihrer Erhaltungsansprüche hinzu. So wurden gefräßige Kaninchen und alles durchwühlende und niedertrampelnde Schweine und Rinder, welche regelmäßig die Anpflanzungen des Urmenschen verwüsteten, aus einer Plage zu den wichtigsten Helfern des Haushaltes. Und **Wölfe** wurden aus gefährlichsten Feinden zu **besten Freunden** des Menschen. Nicht Toxine, Muskeln und Zähne, nicht Armeen, Waffen oder intelligentere Maschinen messen sich – jede Auseinandersetzung ist ein „Kampf" der Vorstellungen. Überlegen ist stets derjenige, der mit weniger Anstrengung mehr erreicht. Kompetenz hat dabei klaren Vorrang vor der rohen Kraft. Kräfte sind als Mittel zum Voranschreiten und nicht zum sich binden wertvoll. Gewalt ist das Maß der Unreife und nur zur Unterbrechung von Gegengewalt und Verhinderung einer Eskalation berechtigt.

Die letzte Forderung klingt für den Gegenwartsmenschen naiv, ist es aber nicht. Der gesamte Lauf der Evolution beweist ihre Richtigkeit.

Die Sichtweite von Infektionserregern oder Krebszellen gewährt ihnen gerade die Möglichkeit zur eigenen Teilung und Vermehrung. Diese Zellen sehen kaum etwas jenseits von Weisungen ihres Genoms. Sie sind auf günstige Umstände angewiesen, können diese aber weder herbeiführen noch kontrollieren und müssen geduldig warten, bis sich eine

Gelegenheit zur Ausbreitung ergibt.

Die Weitsicht des Bewusstseins stützt sich auf spezielle hochentwickelte Organe der Sinne und des Denkens, holt sich Ratschläge aus der Kultur, dem geistigen Erbe, Bibliotheken, Computern und Genomen. Das Bewusstsein begehrt Wissen und Kunst, kann von diesen nicht satt werden und gibt dabei für ideelle, nicht fassbare Werte reale körperliche Kräfte aus.

Ja, Infektionen und Krebszellen sowie andere „Bösewichte" können Unheil anrichten, doch nur, wenn die Umstände sie in die passende Position bringen und nur solange, das Bewusstsein kein Gegenmittel findet.

VEREINE

I have a dream that one day this nation will rise up, and live out the true meaning of its creed: We hold these truths to be self-evident: that all men are created equal.

Der Verein ist eine Gruppe von Individuen, die, ausgehend von bestimmten Satzungen, koordiniert agiert. Widrige Umstände erzwingen Zusammenschlüsse und beugen Unheil vor. Visionen bringen Menschen zusammen, der besseren Zukunft wegen.

Die Verwandlung verwitterter Flächen in fruchtbare Böden, die Erschließung der Ferne zu Fuß, zu Wasser oder mit einem Fahrzeug, das Streben nach gleicher Würde für alle Menschen – Visionen sind in ihren Anfängen keine Gewissheiten. Sie müssen entsprechend dem jeweiligen gesellschaftlichen Entwicklungsstand in Taten und Verhältnisse umgesetzt werden. Das Material, mit dem man es dabei zu tun hat, ist alles andere als rein und edel. Eine Arbeit, bei der man sich die Hände schmutzig macht, muss dennoch gemacht werden.

Das Leben streckt sich nach Höherem, verzichtet dabei keineswegs auf das Bisherige, sondern nimmt es mit und nutzt es nach Bedarf. Das Bewusstsein kommt nicht ohne Kultur aus, Kultur nicht ohne Familie und Sexualität. Sie alle bleiben auf das banale Kopieren und Vermehren von Genen angewiesen.

Gene treiben weiterhin die Vermehrung an und sind hierfür unentbehrlich, bestimmen aber immer weniger, was daraus entsteht. Im Gegenteil, Sexualität, Kultur und Bewusstsein mischen sich (mit ihrer jeweiligen Entstehung, Festigung und Reifung) immer bestimmter ein und gestalten den Genpool der Erde entsprechend ihren eigenen Vorstellungen und wachsenden Möglichkeiten.

Führung

Un mauvais general vaut mieux que deux bons
(Ein mäßiger General ist besser als zwei gute).

Das Vereinsleben braucht eine Führung und Führung braucht Eindeutigkeit. Auf der biologischen Ebene wird Klarheit von Anweisungen durch Bezug auf einen einzigen gültigen Gensatz erreicht. Beim Bewusstsein wird Eindeutigkeit durch die Unverrückbarkeit des Wahren gewährt.

Die Wahrheit muss man erst kennen, was zunächst nicht für Jeden und nicht in jeder Situation der Fall ist. In ihren Anfängen, jenseits von ausreichenden Gewissheiten und Wahrheiten, lehnten sich soziale Verbände an die Biologie an und überließen die Koordination dem individuellen Weisungsrecht. Das Ego mag primitiv sein. Es lässt stur nur eine einzige (die eigene) Stimme gelten. Für den Bestand von

Kulturen (und die Kulturen sind auf übergeordnetem Zwang aufgebaut) war das individuelle Weisungsrecht ausreichend. Es war billig und garantierte dennoch die Eindeutigkeit von Befehlen. Waren die Befehle brauchbar, so gewährten ihre Geradlinigkeit und die vielen Körper dahinter „durchschlagenden" Erfolg. Waren sie untauglich, ging die Gemeinschaft unter. Was richtig oder falsch war, entschied die Geschichte.

Als das Wissen und Können noch sehr bescheiden waren, und die Menschheit sich blind vortastete, war die Geschichte kein schlechter Richter. Sie bleibt bis heute noch die letzte Instanz. Damals wie jetzt, je geringere Bedeutung der Geist und die Umsicht hinter den politischen Entscheidungen hatten, desto brutaler erfolgte die Durchsetzung egozentrischer Weisungen. Bei den ersten menschlichen Stadt- und Staatsgemeinschaften verlief die Zentralisierung ähnlich rabiat wie bei einem Bienenvolk. Sobald die Führung feststand, wurden alle Anwärter auf die Macht umgebracht, gleich, ob es sich um Vater, Mutter, Onkel, Schwester oder Bruder des neuen Gebieters handelte. Die menschlichen Vereine sind breiter und zugleich offener als Insektenstaaten. Zu den Anwärtern zählten nicht nur die inneren Prätendenten, sondern auch alle Oberhäupter benachbarter Gemeinden. Die Ausmerzung oder Unterwerfung aller, die an die Macht prätendieren könnten, erfolgte dann entsprechend der Länge des richtenden Armes.

Das Lebenswerk von Tamerlan, Alexander dem Großen, Caesar, Napoleon, Hitler und anderer Egomanen dokumentiert biologische Mechanismen der ichbezogenen Zentralisierung und (weltumspannenden) Ausbreitung. Das NS-Führerprinzip war der letzte großangelegte Versuch dieser Art (bestimmt nicht der letzte). Ein Ausklang solcher Bestrebungen ist nicht in Sicht. Jeder noch so kleine keimende „*Ich-bin-der-Staat*-Chef" versucht sich in Egomanie. Auch moderne Demokratien tragen alle typischen Merkmale des egozentrischen Weisungsrechtes. Genau wie in den Despotien läuft hier die Pyramide der Macht auf einzelne Stimmen von Präsidenten, Kanzlern, Generalsekretären zu. Der Unterschied zwischen den einstigen Regierungsformen und modernen

Demokratien liegt in der Weise, wie man zur „ersten" Stimme gelangt, der Dauer, für die diese gilt, und den Konsequenzen, mit denen man bei Missachtung ihrer Weisungen rechnen muss.

Die archaischen Regierungsformen bevorzugten eine Auswahl von Weisenden aus einem sehr engen Kreis von Anwärtern und Bevollmächtigten. Nicht ohne Grund. Mit jedem Wechsel eines Regierenden mussten potentielle Anwärter und ihre treuen Gefährten ins Jenseits gedrängt werden. Bei Tyranneien genügte es, eine Regierungsclique zu eliminieren. Das „Volk" war nicht beteiligt und bekam vom Machtwechsel oft keine Kenntnis. Darum durfte die Macht brutal bleiben, sie entschied über Leben und Tod einer winzigen Gruppe. Je größer jedoch die Anwärterschar und deren Hof an Anhängern war, desto heftiger musste der erforderliche Kahlschlag ausfallen. Bei Volksvertretungen ist dieser Pool enorm und schon rein technisch schwer zu bewältigen. Das individuelle Weisungsrecht moderner Regierungen schließt daher einen Zugriff der Weisenden auf das Leben der Untertanen aus

34

und bleibt in seiner ursprünglichen uneingeschränkten Form nur in den Armeen erhalten. Aber auch dort ist es auf besondere existentielle Umstände begrenzt.

Das Einspannen des Egos für die Zentralisierung der Führung lässt die bisherige Geschichte wie ein Ringen von Eitelkeiten erscheinen, bei dem es darum geht, wer Beschlüsse fällen und wer diese zu befolgen hat, mit anderen Worten, darüber, wer wem etwas zu sagen hat. So ist es jedoch nicht. Wie wichtig die Eindeutigkeit auch wäre, entscheidend ist, wie gut die Führung den Interessen des Verbandes dient, wie sinnvoll und vorausschauend sie handelt. Und hier hapert es bei dem individuellen Weisungsrecht gewaltig. Selbst bei besten Anlagen kann der Einzelne nicht alle Aspekte der Gemeinschaft überblicken und sachgerecht regeln.

Abhilfe wird durch Gesetze und beschlussvorbereitende Gremien erreicht. Parlament, Oberkommando, Verfassungsgerichte etc., Spezialisten auf allen Ebenen und für jedes Sachgebiet vertiefen sich in einzelne Aspekte, um diese möglichst umfassend abzubilden. Sie präzisieren, überprüfen und legen Beschlüsse erneut dem Weisenden zur Bestätigung vor. Allerdings besitzen sie selbst keine Weisungsgewalt und sind im Grunde wandernde Auskunftsbücher. Ist der Weisende zur Vertretung gemeinsamer Visionen nicht fähig oder willig, so verkommt das individuelle Weisungsrecht zu Arroganz, gleich welche Berater ihm zur Seite stehen. Der Erfolg einer Zentralisierung schwindet und mit ihm schmilzt die Macht. Die Egomanie tritt in Widerspruch zur Legitimität. Darunter leiden alle. Nichts ist so verheerend für den egozentrierten Verband wie „ein falscher Mensch an der richtigen Stelle". Gewinner sind die Dritten, all diejenigen, die außerhalb der Machthierarchie stehen oder sich stellen. Die Geschichte tritt dabei als ein unvoreingenommener, allerdings sehr kurzsichtiger und brutaler Richter auf.

Je komplexer die menschlichen Ziele und Beziehungen sind, desto schwieriger ist es, jemanden zu finden, der der „Machtvertikale des Weisungsrechts" bzw. der „obersten Aufsicht" gewachsen ist. Ein häufiger Regierungswechsel muss also keine Verbesserung bringen.

36

Egomanie hat sich schlicht überlebt, nicht aber ihre Nachkommen. Diese keimen immer wieder und machen sich breit, sobald die Erfahrenen abtreten. Daher kehrt Egomanisches mit jeder Generation quicklebendig und destruktiv zurück.

Die modernen Regierungsformen versuchen den Erbfehlern des Egozentrismus zu entgehen und ihren allzu argen Folgen vorzubeugen. Hierfür begrenzen sie die Regierungszeit auf eine definierte Periode, ermöglichen die Fortsetzung der Regierung in Abhängigkeit von den Stimmen der Wähler und schränken die bestehende Führung durch Regeln der Amtsenthebung ein. Nicht mehr Weisungen und Befehle, sondern eine Regulierung von widerstreitenden Interessen treten an erste Stelle. So werden die Führer zunehmend zu besseren Verwaltern. Der Weg vom Gebieter zum ersten Minister, Kanzler und ersten Sekretär ist somit auch linguistisch nicht zufällig. Nicht die Befehlshaber, sondern gute Diener (=Ministrant – angefangen mit Richelieu), Papierverwalter (=Cancellarius – angefangen mit Bismarck) und zuletzt Sekretäre (Stalin) werden für den

Erfolg der Administration entscheidend. Strategisch richtiges Denken und umsichtiges Handeln gewinnen Vorrang. Dabei wird auf die bisherigen Mittel der Macht keineswegs verzichtet.

Werkzeuge der Macht

„Jeder macht, was er will, keiner macht, was er soll, aber alle machen mit."

So sehr die Regierungen ihre Einzigartigkeit und Überlegenheit hervorheben, jede Macht bedient sich weniger Standardwerkzeuge.
Viele von diesen stammen aus Urzeiten und sind so urwüchsig, schmutzig und ungekämmt, als hätte man diese gerade aus dem Dschungel geholt. Sie ungeschminkt zu kennen, ist dennoch wichtig.

Recht und Faust

Wenn alle durcheinanderreden und keiner zuhört, kann es keine Einigung geben. Eine **Faust**, die Gehör erzwingt, beseitigt das Chaos. Ob die einkehrende Ordnung an sich gut ist, sei dahingestellt. Dennoch ist selbst die schlechteste Ordnung besser als ein

Durcheinander. Weitere Vorteile besitzt die Faust nicht. Ihre Nachteile sind dafür gravierend.

Der erfolgreiche Verfechter, wovon auch immer, beweist seine verbale, politische oder körperliche Schlagkraft. Das Können bedarf anderer Zeugnisse. Das Faustrecht hätschelt den Rüden, den Unverschämten und übergeht den Schaffenden, dessen Schöpfungen erst im Entstehen sind und noch nicht für sich sprechen. Eine Selektion des „Stärkeren" ist selbstzerstörerisch für die Gesellschaft. Die Konzentration der richterlichen Gewalt in einer speziellen Einrichtung befreit menschliche Handlungen vom Faustrecht.

Das Gesetz beschreibt die Art und Weise sowie den Umfang, in dem ein Gesetzeshüter die Bestrebungen Einzelner unterstützt, wenn diese auf unberechtigten Widerstand treffen. Solange keiner (Gruppen eingeschlossen) die Kraft hat, sich über das Gesetz zu stellen, genügt ein Wort im Namen des Gesetzes, um den Weg frei zu räumen, ohne dass Gewalt eingesetzt werden muss.

Vom Individuum nicht direkt beeinflussbar,

doch für dieses zwingend, nennen sich Gesetze eitel „das Recht". Sie tun es zu Unrecht. Die menschliche Geschichte ist voll von Beispielen ungerechter Gesetze. Zum Recht werden Gesetze erst, wenn sie der Gerechtigkeit dienen. Gerecht ist aber vor allem das, was am besten unter den gegebenen Umständen der Vervollkommnung des Lebens beiträgt.

Gerechtigkeit ist weder zeitlos noch absolut. Gerechtigkeit ist ein fortwährender Vorgang des sozialen Reifens und Angelegenheit eines Jeden. Wer Besseres weiß, hat sich um dessen Geltung zu kümmern. Fehlende oder falsche Gesetze entbinden nicht von individueller Verantwortung. **Respekt gebührt allein dem Recht. Ungerechten Gesetzen ist in dem Maße Folge zu leisten, wie es zur Vermeidung von Gewalt notwendig ist. Solange andere Überzeugungsmittel oder Wege eine Chance haben, sind diese vorzuziehen. Es gehört zur Pflicht, sich gegen Gesetze zu wehren, die mit dem eigenen Gewissen unvereinbar sind.**

Geht denn so etwas? Und ob! Gewissen ist das wirksamste Mittel gegen ungerechte Gesetze.

Es erlaubt, Mitstreiter und Sympathisierende zu finden, und zwar dort, wo diese physisch fehlen.

Die Strenge der Gesetze ist nichts, da sie nie absolut ist, sondern (dort wo die Einsicht fehlt) sich auf die dahinterstehenden Strafmechanismen stützen muss. Findet und konsolidiert man höhere Mächte, wird die gegenteilige Rechtsprechung unverbindlich. Gute und mehr noch böse Beispiele dafür sind allgegenwärtig. Mafia, Politik, öffentliche Meinung, Geheimdienste, aber auch die Konspiration (wo kein Kläger ist, ist auch kein Gesetz) heben die Wirkung der Gesetze auf. Wir erleben es immer wieder in den Nachrichten oder bei sichtbaren Exzessen eigener Regierungen und Regierender.

Gute Beispiele sind weniger auffallend, da so alltäglich, dass man sie für Selbstverständlichkeit hält. Im Grunde durchziehen sie die menschliche Geschichte und machen sie zu dem, was sie im Guten ist. Aufrichtigkeit im Tandem mit Verstand ist jedem Unrecht weit überlegen. Sie fördert Einsicht, kristallisiert gute Mächte um sich und setzt Kräfte zu ihrer reibungslosen Durchsetzung frei.

Kompetenz

Die Faust ist ein Notbehelf für Situationen, in denen niemand weiß, was zu tun ist, die Not groß ist und alle drängen. Menschen auf einer Expedition brauchen keine andere Führung als eine Karte und ein Ziel. Einzelne Teilnehmer ordnen sich ohne jeden Zwang den Aufgaben unter. Man muss zwar einiges wie Kleidung, Rastplätze und Vorräte vorbereiten, aber die Absprachen darüber, wie auch die Wanderung, verlaufen jedoch auch ohne Peitschenhiebe bestens. Verkehrsampeln an einer Kreuzung erfüllen ihren Zweck ebenfalls besser als jede Befehlsgewalt. Entscheidend für komplexe Aufgaben wie das Dirigieren eines Orchesters sind die Autorität des Könnens, die Reibungslosigkeit der Koordination und der Preis des Gelingens.

Auf den ersten Blick besitzt das Können keine Druckmittel, kein Ego, kein Strafmaß. Die Befähigung trägt keine teuren Kleider, Schmuck oder Uhren, hat keine glänzenden Paläste, Yachten oder Privatjets. Das Äußere der

Kompetenz ist unscheinbar und frei von Plunder. Wozu auch? Kompetenz ist das Gewicht des Geleisteten, das man in seinem Rücken weiß und auf das man jederzeit zugreifen kann. Ihre Mitstreiter werden von Einsicht geführt und bedürfen keines Druckes, um sie zu schieben, im Gegenteil, sie bringen Enthusiasmus und Initiative mit und sind daher weit wertvoller als Untertanen oder Lohnarbeiter. Vor allem aber, die Kompetenz besitzt das alleinige Anrecht auf das Gelingen, das der Borniertheit, dem Diktat und der Bestechung gänzlich fehlt!

Verantwortung

Ein Mensch, der sein Vermögen dem Bankier übergibt, bescheinigt damit, dass er nichts Sinnvolles mit den überreichten Mitteln anfangen kann und von der Fremdverwaltung Besseres erhofft. Ein Mensch, der sich freiwillig in fremde Dienste begibt, tut dasselbe. Niemand will seine Kräfte vergeuden. Viele ziehen es vor, sich Anderen anzuschließen. Die Einen führen, andere schließen sich an, oft beides zugleich: führen in dem, wo man sich sicher fühlt und was man für notwendig hält, folgen in dem, was man sich nicht zutraut oder für nebensächlich erachtet.

Verantwortung ist der Tausch einer fremden Mitwirkung gegen einen Teil seiner Kräfte und Glaubwürdigkeit. Man opfert seine Lebenszeit, wirft das eigene Ansehen, Vermögen und Sicherheit in die Waagschale und geht das Risiko ein, diese zu verwirken.

Wer sich auf fremde Mitarbeit stützt, muss mit deren Ansprüchen leben. Die Ansprüche regeln das geltende Recht, Moral, Traditionen und individuelle Erwartungen der Teilnehmer. Oft werden gegenläufige Ansprüche aneinandergekoppelt, unübersichtlich und gegenläufig ineinander verschachtelt, wie es übrigens in jedem länger bestehenden Betrieb zu sehen ist. Verantwortung für bestehende Verhältnisse zu übernehmen, ist daher nicht immer eine Bereicherung, sondern schwere Arbeit und bedarf spezieller Gaben.

Etwas Besonderes zu sein oder die Anmaßung hierzu sind nicht ein und dasselbe. Belanglosigkeit und Einbildung drängen sich vor und stören auf allen Ebenen des Verbandslebens. Jede Gemeinschaft muss daher

Reinigungsmechanismen gegen Anmaßung und Ignoranz besitzen. Üblicherweise dienen Privilegien und Abschreckungen hierzu. Privilegien ziehen potenzielle Begabungen an und vergrößern ihre Auswahlbreite. Abschreckung hält Belanglosigkeiten zurück. Die Strafen sind entsprechend den möglichen Folgen abgestuft: Peinlichkeiten, Ächtung, Mittellosigkeit, Armut, Verbannung, Kerker, Henker oder Guillotine. Die absehbaren Strafen für das Misslingen zwingen Menschen dazu, zweimal zu überlegen, bevor sie einzelne Schritte unternehmen. Abschreckung schützt vor Anmaßung, nicht aber vor Inhaltsleere. Die Tyrannen sind geköpft, ihre Nachfolger bieten jedoch ein jämmerliches Bild und bringen noch größere Misslichkeiten mit sich. Die Wahlen sind mit besten Absichten und nach allen Regeln abgehalten, doch es bilden sich viele zerstrittene Gruppen ohne gemeinsame Führung und keine Regierung ist von Bestand. Das Parlament hat debattiert, findet aber keine Einigung und kann nur ohnmächtig zusehen, wie alles aus dem Ruder läuft. Die Regierung tut ihr Bestes und erntet Spott. Wieso kommt es mitunter zu keiner

Gemeinschaftsbildung, obwohl alle Hebel in Bewegung gesetzt und alle Regeln erfüllt sind? Weil Formen noch keine Inhalte sind. Vielseitigkeit und Vielköpfigkeit, sowie die Reife gesellschaftlicher Institutionen, so hilfreich diese auch sind, können lohnende Visionen und Sachverstand nicht ersetzen. Fehlen die Perspektiven, dann zerfällt die Gemeinschaft in einzelne, nach eigenem Gutdünken wirkende Grüppchen. Da es viel mehr Irrtümer als Lösungen gibt, ist ein solches „Tippelvoranschreiten" alles andere als ein angenehmer Spaziergang. Blinder Eifer schadet nur. Entscheidend für den Ausgang wird wieder einmal „das Urteil der Geschichte" sein.

Legitimation

Legitimation ist der Umfang einer Identifizierung. Sie umfasst Erwartungen, Opferbereitschaft und Vertrauensvorschuss gegenüber den Zielen und der Führung des Verbands. Eine Diktatur ist nicht weniger als eine Demokratie auf Legitimierung angewiesen. Man sieht dies an der tatsächlichen Häufigkeit von Regierungsumstürzen. Diese waren bei Diktaturen öfter als bei Demokratien. Wie es zum Wechsel kam, war nebensächlich. In der Geschichte wurden Umstürze oft von einer kleinen Gruppe von Verschwörern kanalisiert und brachten die Befindlichkeiten der Massen zum Ausdruck. Messer, Gift, Pistole, Strick, Kopfkissen zeigten sich für Palastrevolten dienlich. Bestand keine Einigkeit unter den Verschwörern in einem zerstrittenen und lahmgelegten Land, so wurde die unschlüssige Macht einfach von äußeren Kräften aufgehoben (usurpiert).

Der Verband lebt von Perspektiven, die er für seine Mitglieder erschließt. Versiegt die Ausbeute, so kränkelt der Verband, wachsen die Verluste weiter – stirbt der Verband. Weder seine bisherige Größe, noch Besonderheiten der Organisation schützen ihn vor dem Untergang, wenn der Verband falsche Ziele anvisiert.

Die Unübersichtlichkeit des Verbandslebens überlässt dem Einzelnen vielfältige Möglichkeiten für Manöver innerhalb der Verbandshierarchie. Beschönigungen, Bestechungen, Stimmenfang, Bedrohungen und Nötigung sind allgegenwärtig. All diese Tricksereien ändern an dem Verband nicht mehr als es die Brown`schen Bewegungen einzelner Moleküle am Zustand der Materie tun. So sehr die Propaganda sich auch bemüht, die wahren Sprungfedern der Legitimität zu verschleiern, ihr Verständnis ist nicht weiter schwer. Fangen wir mit der Wirtschaft und ihrer Leitung an. Sie ist weniger verzerrt.

Auf der einen Seite stehen Unternehmer und Aktiengesellschaften, auf der anderen Kunden. Was die Unternehmer von sich halten, was sie ankündigen und proklamieren, ist letztendlich nebensächlich. Die Bestätigung findet durch die Kundenbörse statt. Die Kundenbörse fasst zusammen, was der Einzelne (und alle in Summe) sich leisten kann und wozu er fähig ist. Der Unternehmer kann darüber nicht willkürlich bestimmen. Menschen entscheiden sich für bestimmte Produkte. Somit fördern oder strafen sie einzelne Unternehmen ab. Genauso geht es in der Politik zu. Das „Für und Wider" politischer Prozesse folgt nicht den Bekundungen, Beschlüssen und Wahlergebnissen, sondern der Umsetzung von Lösungen. Entspricht die Umsetzung den Erwartungen oder überbietet diese gar die Erwartungen (auch wenn die Folgen nicht formuliert oder direkt beschlossen wurden), so löst dies Begeisterung und Identifizierung aus. Menschen reagieren, als würde man ihnen die Augen öffnen, ihre unausgesprochenen Gedanken und Sehnsüchte erfüllen. Mit dem Freudenschrei – „Ich habe das schon immer gewusst und konnte es nur nicht ausdrücken!" – stürzen sich Menschen in die „gemeinsame Sache".

Die Art und Weise wie der Einzelne sich in das gemeinsame Tun einbringt, ist zugleich seine Stimme, sein Wahlzettel, sein Beitrag.

Decken sich die Folgen des Verbandslebens nicht mit den Erwartungen der Mitglieder, so werden Menschen von Gleichgültigkeit erfasst, reagieren in ihrer Masse mit stummem und daher unkontrollierbarem Widerstand, schauen weg, suchen das Weite. Einzelne regen sich sogar auf, werden ausfallend. Die Maschinerie der Propaganda, Kontrolle und Unterdrückung strengt sich immer mehr an, läuft auf vollen Touren und schafft immer weniger. Sie muss, um überhaupt zu bestehen, statt Anweisungen zu erteilen, sich selbst zunehmend einbringen und unter strenger Aufsicht die laufenden Unternehmungen „von Hand" führen. Auf diese Weise erreicht man nicht viel.

Ist denn ein Vergleich von Politik und Wirtschaft zulässig? Zwingt nicht die Politik den Menschen ihre Entscheidungen auf?

Ach wie gern hätte sie dies getan.

Ich kann mich noch bildhaft an die Räte in der Sowjetunion der späten 80er Jahre erinnern: Endlose Gespräche über nichts und wieder nichts. Worte, Worte, immer wieder Worte, mitunter Geplänkel. Am Ende eine formale Abstimmung über Fragen, die niemanden interessieren und ängstliches Auslassen von Themen, die jeden angehen, Ärger über fehlende Bereitschaft, das Offensichtliche zu akzeptieren, Verdrossenheit und Stillstand in Allem.

Etwas Vergleichbares sehen wir heute in den USA und im EU-Parlament. Jeder kann sich an solche Zusammenkünfte aus der Gegenwart in Räten der Gemeinde, Sitzungen der Bürgerämter, Parlamente oder Fachkreise besinnen. Die Missverständnisse, Zerwürfnisse und Langeweile der Zusammenkünfte sind allgegenwärtig. Sie treten auf, wenn Visionen degradieren und die Politik, wie das Vereinsleben, zur Rechtfertigung schmalspuriger Interessen verkommen. Kopflose Beschlüsse werden durchgedrückt, erhalten zuweilen das Label eines Gesetzes. Genau wie sinnlos produzierte Waren, werden solche Beschlüsse von den Menschen nicht angenommen und sabotiert. Die Macht, welche diese durchsetzt, tritt auf der Stelle, verliert das Kapital des Vertrauensvorschusses und wird auf diese oder andere Weise entsorgt.

Indes ziehen die Menschen weiter, einzeln und in Gruppen, suchen nach Auswegen.

Wo und wie findet man eine richtige Lösung? Im Kampf? Im Streit? Nein, in der Schöpfung.

SCHÖPFUNG

Die Kreativität geht anders vor als Kultur, Weisung, Recht, Autorität oder „Demokratie" es tun und nutzt dennoch intensiv alle diese Instrumente. Während alle durcheinander reden, handeln, kämpfen, bemüht sind zu zeigen, wie überaus toll sie sind, entzieht sich die Kreativität leise und unbemerkt sowohl dem leeren Geschwätz als auch dem Schlagabtausch. Dem

Entdecken sind Gedränge, Lärm und Fülle an aufdringlichen Äußerungen besonders abträglich. Im Streit wird die arterielle Hypertonie geboren. Nachdenken bedarf der Stille und Konzentration. Man lauscht viel genauer verschiedenen „inneren" Stimmen, wenn man auf einer Parkbank sitzt und mit den Beinen baumelt, die Straße entlangwandert und über das Erlebte und Gehörte nachdenkt; wenn man schreibt, liest, vergleicht, handelt, sich an Vorbildern misst und aufrichtet, Freunde sucht, wenn man Verbände gründet oder sich bestehenden Verbänden seiner Wahl anschließt. Das Schöpferische macht sich ohne große Ankündigungen auf den Weg, sucht Ansätze, die über den Augenblick hinaus wirken, tut ohne viel Gerede das, was es für richtig hält, leistet Großartiges und gewinnt andere für die Sache durch das überragende Beispiel und die freigelegten Mittel des Erfolgs.

Die Schlüssel zum Schöpferischen sind Geist und Seele. Diese durchziehen alles, was die Menschheit bisher hervorbrachte und verleihen diesem seine Einzigartigkeit und Größe.

—

GEIST UND SEELE

Geist und Seele entstehen erst mit dem Menschen. Ihre Herausbildung ist jedoch Resultat der fortwährenden Entwicklung und ihre Ansätze sind schon in den ersten Lebewesen erkennbar. In der Tat, die Macht des Lebens ist nicht stofflich. Sie ergibt sich aus der Reichweite seines Weitblicks. Selbst für das primitivste Lebewesen gilt: Je mehr es erfasst und kontrolliert, desto mehr kann es sich erlauben. Vieren und Bakterien überschauen nur ihre unmittelbare Umgebung, der Geist durchdringt das Weltall. Dazwischen liegt alles andere.

Rekapitulieren wir in groben Zügen die Evolution des Weitblickes von den primitiven Reaktionen bis zum Bewusstsein. Eine gewisse Wiederholung des schon Dargestellten ist dabei unvermeidbar. Die zusammenhängende Darstellung hilft jedoch, manche Widersprüche und scheinbaren Gegensätze der menschlichen Seele besser zu verstehen.

Ego
Vor-, An- und Aussicht

Leben ist eine Vorwegnahme der Zerstörung durch Erneuerung.

Unwissend, wem die Zukunft gehört, setzt das Leben nicht alles auf ein Pferd und gewährt den Vorpreschenden volle Handlungsfreiheit, besonders, wenn es sich um unbekanntes Terrain handelt. Das Risiko für das Gesamtleben ist vergleichbar gering, selbst wenn die Einzelnen dabei versagen. Die Ergebnisse und das Entdeckte können jedoch weitreichend sein.

Die Möglichkeiten der ersten Organismen, die Wirklichkeit zu erfassen, gehen nicht weiter als die chemischen Reaktionen, die auf ihrer Oberfläche ablaufen. Hiermit unterscheiden sie sich nicht wesentlich von primitiven chemischen Autokatalysatoren. Auch diese stehen der feindlichen physischen Welt trotzend gegenüber, weichen dem Druck physikalischer Gesetze aus und sind allein um die eigene Reproduktion bemüht.

Den Startschuss für die Evolution des Lebens gibt allerdings die Fähigkeit von Lebewesen, sich vorzugsweise für die eine oder andere Reaktion zu entscheiden. Vermehrung fördert diejenigen unter ihnen, die zu besseren Entscheidungen fähig sind. Ausbreitung und Differenzierung sichern zwischenzeitliche Erfolge und bilden den ersten Mechanismus der Erfahrungsakkumulation. Mehr und bessere Erfahrung bedeutet automatisch mehr Erfolge und größere Verbreitung.

Erste Erfahrungen werden in Genen aufgeschrieben. Gene sind kodierte Vorschriften des Wachstums. Sie beinhalten Anweisungen, die auf ein äußeres Zeichen warten. Tritt eine Situation ein, die ihnen anzeigt, dass das Anspringen sinnvoll ist, so werden die Anweisungen ausgeführt. (Wir kennen derzeit nur Nukleinsäuren als Träger des genetischen Wissens, früher gab es gewiss auch andere, weniger dienliche Informationsträger.) Die Verknüpfung von Genen mit äußeren Symbolen erlaubte dem Organismus, die Welt jenseits seiner Körperlichkeit zu erfassen.

Die ersten Auslöser der Gene waren konkrete Verhältnisse in ihrer Gesamtheit. Mit der wachsenden Strukturiertheit des Lebens und seiner Möglichkeiten, wurden die Stimuli differenzierter und schrumpften bis auf wenige Besonderheiten der Situation zusammen. Äußerst komplexe Situationen ließen sich somit auf wenige leicht erfassbare Reize reduzieren. Das Auftreten der Reize signalisierte dem Organismus, ob ein Wachstum hier und jetzt **gute** oder **schlechte** Voraussetzungen hat, und somit gesucht oder gemieden werden soll. Die Ausrichtung auf diese Signale erleichterte die Orientierung. Die Welt bekam **Dimensionen von Gut und Böse**.

Obwohl noch sehr primitiv, war diese Einschätzung schon recht wirkungsvoll. Indem das Leben die guten Vorzeichen anstrebte (z.B. indem es in ihre Richtung wuchs) und die Bösen mied (regungslos blieb), baute es seine Handlungsfreiheit aus und optimierte sich selbst.

Die ersten Organismen (und ihre primitiven Nachkommen) verändern ihre Gene noch direkt. Die Fortentwicklung der Gene dient der Vermehrung. Das Überlegene breitet sich aus. Das Eigene hat dabei absoluten Vorrang. Egoismus und „Selbstverliebtheit" werden gehätschelt, ersetzen sie doch in der Evolution fehlende Augen und Verstand. Daraus erwächst Gehässigkeit. Sie bekämpft vehement alles Fremde, strengt sich an und dient dennoch einem guten Zweck.

Das Egozentrische fördert die Starken und Rücksichtslosen. Ego eckt an, treibt Lebewesen auseinander, zwingt dazu, ungewöhnliche Wege zu gehen, bringt sie in unwirsche Gegenden und an ihre Ausbreitungsgrenzen. Das Resultat ist eine räumliche und funktionale Vielfalt, die im Versuch und Irrtum eine Vielzahl an Erfahrungen stemmt. Die Kolonisierung der Erde nimmt an Fahrt zu, bis die entlegensten Winkel erreicht sind. Zeitgleich mit dieser Ausfüllung kommt der Umbruch.

Egoismus und Ausschließlichkeit sind dienlich im Freien. Der Druck schlägt mit gleicher Wucht zurück, sobald zum Ausweichen kein Platz mehr ist. Als Reaktion auf aussichtsloses Stemmen in geschlossenen Lebensräumen wurde Gegenseitigkeit geboren und von der Kooperation, über die Sexualität und Kultur bis zum Bewusstsein ausgebaut. Das auf diesem Weg Erreichte ist enorm. Für einen autokatalytischen Vorläufer des Lebens besteht die Welt aus Substraten, in denen er sich vermehren kann. Das Erkennen der Substrate beim Zusammentreffen mit diesen erlaubt es dem Autokatalysator, sich erfolgreich zu vermehren, bevor er zerstört wird.

Ein Bakterium überschaut seine unmittelbare Umgebung und bewegt sich in die für sein Wachstum günstige Richtung. Was dahinter liegt, ahnt das Bakterium nicht. Das Tier kontrolliert schon sein Territorium im Ganzen. Das Erfasste nimmt mit dem Fortschreiten der Evolution stetig zu und schließt zum Beispiel beim Wal den gesamten Ozean, von einem Pol zum anderen, ein. Das Geistige will sich wiederum mit nicht weniger als dem Universum abfinden. Die Welt der Erde ist ihm nicht genug.

Verfolgen wir Schritt für Schritt, wie es hierzu kommt.

Zuneigung

Die ersten Gemeinschaften bildeten Organismen, die einander ergänzten, ohne um die gleichen Ressourcen zu konkurrieren. (Zum Beispiel Organismen, die aus Kohlendioxid Sauerstoff produzieren und die, die Sauerstoff verbrauchen, um Kohlendioxid zu bilden, dabei aber unterschiedliche Substrate verarbeiten).

Diese Gegenseitigkeit potenzierte ihre Möglichkeiten und erlaubte ihnen, dort zu gedeihen, wo Einzelne unweigerlich versagen würden. (Zum Beispiel in einer Sauerstoff- und Kohlendioxid- freien Umgebung).

Die Kooperation überwindet Schranken und erschließt Lebensräume, die vorher für die Lebenstätigkeit schlicht nicht bestehen.

Seit der Entstehung erster Gemeinschaften wetteifern Ichbezogenheit und Gegenseitigkeit in der Evolution miteinander und ergänzen sich zugleich. Der Egoismus agiert, drängt und füllt das Verfügbare aus, die Kooperation erkundet Zugänge zu neuen bisher unerschlossenen Lebensräumen. Auf lange Sicht gewinnt stets die Zuneigung (einfach, weil sie sich mehr leisten kann und sich dort bewegt, wo der Einzelne keine Überlebenschancen hat).

Der Egoismus verschwindet nicht, zieht nach, sichert den entdeckten Raum, füllt ihn aus, führt das Leben immer wieder an die Grenzen des Unerforschten und bildet somit das

Fundament für Startrampen weiterer zuvor undenkbarer Neuerungen und Aufstiege.

Trotz klarer Vorteile weisen die ersten Kooperationen ein grundlegendes Handicap auf. Zu den Anfängen der Evolution setzt sich die Gemeinschaft aus mehreren auf ihre eigenen Interessen bedachten Lebewesen zusammen. Jeder der Organismen kann seine eigene Tätigkeit regulieren. Auf die Tätigkeit anderer eigenständiger Partner und ihrer Gene hat er aber keinen Einfluss. Was der Organismus zu seiner eigenen Verbesserung auch unternimmt, sein Überleben hängt von dem Überleben des Partners ab. Die Vermehrung erfolgt unter diesen Umständen unweigerlich im Gleichschritt. Bessere (aus eigener Sicht) Gene eines Partners können von nun an nicht mehr vorzugsweise vermehrt und zur Erfahrungsakkumulation eingespannt werden. Die Gemeinschaft würde dabei auseinanderbrechen. Ego-Gemeinschaften können sich zwar vermehren, aber nicht fortentwickeln und bleiben entweder amorph oder verschmelzen zu einem einzigen Organismus, der jegliche Individualität seiner Bestandteile unterbindet. Zwecks Fortschritts muss die Ego-

Gemeinschaft sich entweder auflösen und neubilden, oder sich zu einem einzelnen, wenn auch größeren Organismus umbauen. (So entstand z.B. der Eukaryot.)

Heißt dies, dass ein bewegliches und selbstbedachtes Ego dem abhängigen und auf die Nachbarn achtenden Gemeinsinn letztendlich doch überlegen ist?

In der Tat, die Hürden sind enorm.

Um sich weiterzuentwickeln, muss die Ego-Gemeinschaft Erfahrungen zwischen unabhängigen, sie ausmachenden Lebewesen austauschen können (und dabei fremde Gene modifizieren) ohne ihre Integrität zu schmälern. Dabei entsteht ein grundlegendes Problem. Die kooperierenden Organismen sollen sich gegenseitig verbessern ohne einander und sich selbst ändern zu dürfen. Wie soll das gehen? – Ein Unding und Widerspruch in sich!

Die Sexualität fand dafür eine elegante Lösung – die **Zeugung**.

Zeugung

Die Zeugung erschafft Neues aus dem Bisherigen, ohne das Bestehende zu maßregeln.

Sexuelle Arten verändern nicht ihre eigenen Gene, sondern die Gene ihrer Kinder. Hierfür dienen Partnerwahl und Kreuzung.

Über ihre Einstellungen, Erfahrungen und Vorlieben gestalten sexuelle Arten schöpferisch ihre Nachkommen. Ihr ganzes Leben und die Vermehrung eigener Gene sind bloß eine Zuarbeit dazu. Nur Eltern, die alle Prüfungen des Lebens erfolgreich bestehen, können ihre Anlagen zusammenlegen und neues Leben zeugen. Hierdurch wird das Beste aus dem bisher Erreichten ausgewählt und in weiteren Kreuzungen nach und nach vervollkommnet. Gegensätzliches wird ergänzend zueinander gebracht, jedoch nicht blind, sondern erfinderisch und zielgerichtet.

Sexualität stellt somit das Wachstum des Bestehenden der Zukunftsgestaltung neuer Generationen zu Diensten. Die Teilnehmer selbst werden dabei nicht umgestaltet (bleiben so, wie die Natur sie geschaffen hat), doch sind sie nunmehr auch in ihrem schöpferischen Drang nicht im Geringsten beeinträchtigt, dürfen all das unternehmen, wozu ihre Einsicht reicht und ohne Angst etwas dabei zu zerstören. Die

Zukunft wird von denen gestaltet, die sich selbst nicht mehr in Frage stellen.

Aufstieg der Vernunft

Zunächst ist die gestalterische Freiheit der Sexualität auf die Nachkommen einzelner Arten begrenzt. Kreuzungen zwischen den Arten sind unmöglich. Die rasante Evolution sexueller Arten ermöglichte jedoch die Entwicklung eines Vielzellers sowie die Entstehung von komplexen Organen der Wahrnehmung und des Gehirns. Der Vorgang der Erfahrungsbildung beschleunigte sich. Mit dem Ausbau des zentralen Nervensystems stiegen die Möglichkeiten der Weitsicht sprunghaft an. Die Welt wurde aus dem unmittelbar anliegenden Raum zu einer sehr umfangreichen Vorstellung, die jenseits des Tastbaren, Riechbaren, Hörbaren oder Sichtbaren liegt. So lernten Störche Sternkarten zu lesen und schlossen in ihre Weltbetrachtung die Geographie der Kontinente unter und die Astronomie des Himmels über ihren Flugrouten von Europa nach Südafrika ein.

Eine Ausbreitung von Erfahrungen jenseits der unmittelbaren biologischen Nachkommen und ihrer Gene blieb jedoch lange Zeit unmöglich und nicht vordringlich notwendig. Bakterien, Pflanzen, primitive Tiere füllten die erschlossene Wirklichkeit entsprechend den Eigenschaften, die sie sich zulegten. Die Notwendigkeit, ihre Ansichten kreuz und quer untereinander zu teilen, bestand zunächst nicht imperativ. Die wachsende Komplexität des Erdenlebens führte zur Hierarchie der Biosphäre und mündete in Parasitismus, Herdenbildung und sozialem Verhalten. Die Abstimmung zwischen einzelnen unverwandten (nicht kreuzbaren) Komponenten des Systems wurde immer dringender. Die „naturgegebenen" Symbole reichten nicht mehr aus, um sich in dieser Wirklichkeit zu orientieren.

Das soziale Verhalten der Tiere und die Hierarchie stärkten die Rolle von willkürlich gesetzten Zeichen für die Markierung von Territorien, Regulierung von Zügen, Rudeln und Herdenbewegungen. Symbole der Wirklichkeit wurden von nun an nicht nur als gegeben genommen und bewertet, sondern von den Lebewesen gezielt gestaltet und selbstständig gesetzt. Die hierfür erforderlichen Gesten, Laute,

Drohgebärden, sowie Zeichen und Markierungen des Besitzes wurden immer differenzierter. Symbole gewannen an Abstraktheit. Auch dienten diese Symbole zunehmend nicht allein der eigenen Orientierung, sondern zur Kommunikation und Lenkung von Anderen.

Die Verknüpfung der Brutpflege mit dem sozialen Verhalten legte die Samen für die Kultur. Die Kultur relativierte die Rolle der Gene und ihres Verhältnisses zur Außenwelt. „Mach es uns nach", funktionierte auch bei den nicht direkten biologischen Nachkommen. Die Herausbildung und Aufbewahrung der Erfahrung wurde nicht mehr den Genen überlassen, sondern zunehmend an alle lebenden und wirkenden Angehörigen des sozialen Umfelds delegiert und in Zeichen ihrer Sprachen und Kulturgegenständen festgehalten.

Die Kultur hat die Sprache der Gesten und Laute vervollkommnet und als mündliche Sprache in großen Volksgruppen verankert. Die Sprache des Sozialen wurde zum Träger der Inhalte. Das gemeinsame Handeln lieferte Schlüssel zum Verständnis, machte Wörter und Sätze aller Generationen für die

Teilnehmenden verständlich. Das vorrangige Denken in den Symbolen einer Sprache brachte das Bewusstsein zur Welt.

Bewusstsein ist ein Denken, das ausschließlich in der mündlichen Sprache eingebettet ist. Anders als beim Denken in Vorstellungen des selbst Erlebten, werden die Inhalte des bewussten Denkens nicht in Sinnbildern des eigenen Wirkens, sondern ausschließlich in Form einer Mitteilung erfasst, verarbeitet und akzeptiert.

Das Denken entwickelte sich von der Analyse des eigenen Tuns und Wahrnehmens zur Analyse des kulturellen, dann ethnischen und schließlich gesamtmenschlichen Handelns, vom individuellen Denken zum Denken in Gemeinschaft.

Das bedeutet nicht, das Jeder mit Jedem eins ist, ganz im Gegenteil, aber die Inhalte bekommen die Möglichkeit, direkt und ungehindert, zwischen einzelnen Teilnehmern zu wandern und unabhängig von den Peitschenhieben der Umstände, von Befehlen der Gene und der Kultursatzungen bewertet zu werden. Möge das Bessere sich durchsetzen.

Das Bewusstsein vermittelte nunmehr Inhalte,

zu denen Gene überhaupt keinen Zugang hatten und dabei in Vielem den Inhalten des genetischen Wissens weit überlegen waren.

Mit der Zähmung des Feuers durch den Menschen stieg die Komplexität und Bedeutung der Sprache sprunghaft an. Die Bewahrung des Feuers über mehrere Generationen, die Gestaltung von Feuerstellen, Höhlen und Werkzeugen vermengte immer mehr das Vergangene und Bestehende. Die unmittelbare Anwesenheit wurde zur Übergabe von Erfahrungen immer weniger kritisch. Die hinterlassenen Häuser, Felder und Werkzeuge verrichteten diese Arbeit ebenfalls. Sie hielten die Erfahrungen einstiger Generationen fest und vermittelten diese den jeweils lebenden Generationen über den Tod ihrer Erbauer hinaus. Die Aufzeichnungen von Erfahrungen in den Besonderheiten von Wohngegenständen und Werkzeugen wurden immer spezifischer. Kerben am Griff eines Instruments oder Pfosten des Hauses wurden aus Erinnerungsstützen zu Buchstaben. Aus den symbolischen Aufzeichnungen bewusster Inhalte entstand die Schrift. Die Fähigkeit der Schrift, Inhalte festzuhalten und aufzubewahren, war viel grösser als die der Nukleinsäuren. Bücher und Computer folgten hilfreich später. Wir sind in der Gegenwart angelangt.

Alles Lebende kann Denken. Höhere Tiere sind besonders gut darin. Wie entwickelt die Denktätigkeit des Tieres auch wäre, das Durchdachte jenseits seiner Gene aufzuzeichnen und weiterzureichen, kann das Tier nicht. Die Fähigkeit sich nach den Sternen und der Topographie der Kontinente zu orientieren, ist bei den Vögeln daher unweigerlich angeboren. Kultur hält die Erfahrungen lebender Generationen fest und lernt somit zum Beispiel die unerfahrenen diesjährigen Kraniche vor dem Überflug an. Hierzu dienen die herbstlichen Ansammlungen von Vögeln. Die Kultur der Vogelscharen selektiert und überschreibt somit Gene ihrer Teilnehmer. Sind die Alttiere tot, so können Jungtiere nicht mehr angeleitet werden. Wehe, wenn Gene Neugeborener für den ersten selbständigen Überflug nicht ausreichen, um die Schleife des Lernvorgangs neu zu starten. Die Menschen hatten mehr Glück und kamen in ihrer Entwicklung viel weiter.

Aus der menschlichen Sprache entstand das Bewusstsein. Aus der Schrift erwuchs das Geistige. Bewusstsein und Geistiges ließen alle kulturellen Vorversuche der Kranichzusammenkünfte weit hinter sich.

Die Schrift vertiefte das Bewusste und fügte zu dessen Inhalten nicht nur Werke von den jeweils Lebenden, sondern aller Menschen und selbst anderer Lebewesen hinzu. Lesbar und nutzbar wurde nicht bloß das von Menschen Erhobene, sondern alles, was die Aufzeichnungen oder auch nur Spuren des Wirkens in archäologischen Funden, körperlichen Strukturen oder Genen hinterließ. Spuren, wie sich dabei herausstellte, sind ebenfalls Aufzeichnungen (wenn auch unbeabsichtigte) und können dechiffriert und ausgewertet werden. Die Übersetzungen schufen Zugang zu dem Wissen längst ausgestorbener Zivilisationen und sogar zu den Gensequenzen aller Lebewesen (selbst die eigennützigsten der egoistischen Viren wurden gezwungen das Wissen zu teilen). Molekulargenetik und Gensequenzierungen machten es möglich.

Die Sexualität überwand die Grenzen des Egos

und verband in Kreuzungen die Lebenserfahrungen einzelner Partner. Die Kultur verband dann die Sichtweisen aller zeitgleich lebenden Angehörigen. In die Schriftsprache eingebettetes Bewusstsein machte alle Schranken der Erfahrungsbildung potentiell überwindbar.

Der Ausbau und die Weitergabe von schriftlichen oder anders aufgezeichneten Bewusstseinsinhalten erfolgen unabhängig von den Genen, Instrumenten, Fertigkeiten und Traditionen. Entscheidend wird nicht das Formelle dahinter, sondern der Zugang zu den Inhalten und die Fähigkeit, diese aufzunehmen, zu begreifen, zu prüfen und zu verwirklichen. Das bessere Wissen setzt sich dabei durch, weil es einfach gelingt (*alles Geniale ist einfach*) und weil es darüber hinaus bessere Entfaltungsmöglichkeiten bietet. Von nun an heißt es endgültig: *Wissen ist Freiheit, Wissen ist Macht.*

Der Schritt ist revolutionär.

Die ausschließlich mitteilbare Form der Inhalte machte ihre Erhebung und Verbreitung zu einer Angelegenheit der gesamten Menschheit. Jeder Angehörige verfolgt seinen eigenen Pfad, gibt aber die Ergebnisse an alle weiter. Die

Entwicklung von Inhaltsträgern wie Schrift, Buchdruck, Computer und andere Medien potenzierten den Vorgang der Akkumulation von Bewusstseinsinhalten. Die Mitteilbarkeit verbindet die Wahrnehmung aller einst lebenden und wirkenden Menschen. Hierdurch erhöht sich das Bewusstsein bis zum **all**es umfassenden **Geist**.

Ist das nicht zu verwegen, die Gesamtheit des für das Bewusstsein Erschließbaren als Geist zu bezeichnen? Man vereinnahmt damit etwas, was man einst einem überirdischen Wesen zuordnete. Kann denn das (in den Bibliotheken und Schriftzeugnissen festgehaltene und immer weiter anschwellende) Wissen der Menschheit selbstständig denken und existieren, um als etwas Eigenständiges zu gelten? In diesem Zusammenhang – Nein, genauso wie ein Meter-Etalon nicht von allein Längen messen oder ein Schrifttum denken kann. Sie alle erfassen jedoch die menschlichen Fortschritte und ermöglichen maßgeblich weitere. Der Geist hat keine stoffliche Entsprechung, er kann nicht genommen, gewogen, gespalten werden. Der Geist ist gleich der Vernunft eine

Bewegung. Er wacht jedes Mal auf, wenn der Verstand sich auf den Weg zur Welterfassung macht. Der Geist ist in dem Maße real, wie er seine Vorhaben realisieren lässt und daran exakt messbar. Die Existenz des Geistes zu verneinen ist genauso idiotisch wie die Existenz der Vernunft zu leugnen. Beide sind ein und dasselbe. Nur die biologische Vernunft verdaut und ordnet allein die individuellen Erfahrungen (sie hat keine anderen), der Geist verarbeitet die Inhalte und Erfahrungen der Menschheit. Beide sind immateriell und sind dennoch überaus wirklich. Wer Geist verneint, müsste konsequenterweise auch die Existenz der Vernunft verneinen.

Seit der Antike wurde das Wort Geist ehrfürchtig behandelt und jenseits von religiösen Deutungen mit dem „universalen Wissen" gleichgesetzt. Menschen, die mehr davon erhielten, galten als geistreich, die, die weniger abbekamen, als geistlos. Geistreiche waren gegenüber Geistlosen besser bewaffnet, sofern der Geist kein Papiertiger blieb.

Papiertiger? – Auch so etwas gibt es. Die Menschheit hat viele Namen hierfür: Bla-Bla,

Worthülse, Dogma und andere. Eine in Sprache und Schrift festgehaltene Mitteilung ist zunächst eine formale Anweisung, aber noch keine Erfahrung. Zur Erfahrung wird diese erst, wenn sie eine Bestätigung ihrer Wirksamkeit findet. Bleibt jedoch die Umsetzung des Geistigen in das Verständnis (eine realisierbare Erfahrung) aus, so reduziert sich seine Bedeutung zu einem wirren, wenn auch mitunter geheimnisvoll klingenden Gelaber. Wer die Inhalte kennt, wird von Gequatsche nicht beeindruckt sein, wer nur den Worten folgt, bleibt im Abgedroschenen gefangen. Auch das Geistige muss sich in der Wirklichkeit und nicht in den nachgesprochenen Worten bewegen. Nur so lässt sich dessen Realitätssinn prüfen. Die Umsetzung des Geistigen zu individuellen Erfahrungen verleiht dem Menschen das, was die Alten Seele nannten. Je nach dem Fortschritt dieser Umsetzung konnte die Seele groß, schön und All-umfassend werden. Sie konnte aber auch tierisch bleiben (so wie sie geboren war), mit allen Attributen, die hierfür typisch sind. Der Geist wurde daher als der vom Leben erreichte Stand der Durchdringung des

Universums angesehen, die Seele als dessen individuelle Verwirklichung. Diese Ansicht war allerdings intuitiv und rein gefühlsmäßig. Sie ergab sich aus der praktischen Handhabung der Inhalte. Die Menschen drückten sie zu verschiedenen Zeiten in Worten ihrer Epoche aus und flochten die geläufigen Missverständnisse in die Definition ein. Doch welche Worte man auch wählte, wie sehr die einzelnen Erklärungen sich auch voneinander unterschieden, die fehlende Bindung des Geistes und der Seele an das Hier und Jetzt war offensichtlich für jeden, der sich mit diesen befasste. Die Unendlichkeit und Unsterblichkeit der Wirkung von Geist und Seele waren nicht zu leugnen. Wenn man mit diesen Feststellungen intuitiv auch völlig richtig lag, so müssen wir dennoch zugeben, dass man weder die eigentliche Natur der Seele noch des Geistes verstanden hat. Das Kindliche, vor allem religiöser Erklärungen von Himmel, Hölle und das übrige Geplapper sowie das Verworrene der Hegelschen „Phänomenologie des Geistes" brachten die Begriffe Geist und Seele in Misskredit, obwohl beide Worte auch heute noch oft benutzt werden und einen tiefen

Sinn besitzen. Selbst die dogmatischsten aller Materialisten können ohne diese Worte nicht auskommen. Hat sich der Geist nunmehr endgültig und unwiderruflich durchgesetzt? Leider nicht. Das Bewusstsein verleiht dem Einzelnen die Überlegenheit eines geistigen „Weltblickes". Aufzwingen kann sich das Geistige nicht. Zu oft leisten die körperlichen Begierden, angeborene Einfalt und banale Bequemlichkeit Widerstand. Die Erbauung des Bewusstseins erfordert Disziplin, Fleiß und Konzentration. Wozu die Mühen, wenn die Körperlichkeit das Angenehmere umsonst bietet und sogar aufdrängt? Was kann näher als das eigene Hemd sein?

Solange der Körper selbstzufrieden ist, zeigt er keine Eile, sich das Geistige anzueignen und in das Seelische zu überführen. Und so gelingt es vielen Menschen nicht, die Krippe ihrer Leiblichkeit und der Kulturzwänge zu überschreiten. In der Überflussgesellschaft wurde das Auseinanderklaffen des Geistigen und des Biologischen schreiend absurd, die Folgen widerlich.

Könnte man den Menschen nicht das Bewusstsein aufzwingen oder sie zumindest durch eine gezielte Führung darauf hinbewegen? Schließlich erledigen Traditionen, Kultur, Staat und Gesetz dasselbe und mit Erfolg. Nun, man tut, was man kann. Nur ist der Zwang für das Bewusstsein unzureichend, oft sogar kontraproduktiv. Der Zwang liefert den Wahrheitsgehalt der Bewusstseinsinhalte einer Willkür von Aufzwingenden aus und unterdrückt die Fähigkeit, Inhalte zu be**greifen** (selbstständig und handfest zu **greifen** und auf ihren Realitätssinn zu prüfen). Zum Anleiten und Erproben ist Zwang gut, zum Klären und Festigen vernichtend.

Tatsächlich, wer soll darüber entscheiden, was am Bewussten gut oder schlecht, wahr oder falsch, reif oder kindisch ist? Wäre jemand oder auch nur eine Gruppe von Menschen hierzu fähig, so bräuchte man das Bewusstsein gar nicht. Alles, was Bewusstsein und Geist bieten, entfaltet seine Wirkung erst, wenn der Empfänger diese übernimmt, richtig nutzen lernt und erfolgreich umsetzen kann. Das einzige Kriterium für die Annahme von

Bewusstseinsinhalten ist ihre Wirksamkeit und der Beitrag zur Selbstverwirklichung. Solange jeder die Bedeutung der Inhalte nicht tatkräftig ermittelt, bleiben Bewusstseinsbelehrungen tote Buchstaben.

–

SCHEINALTERNATIVEN

Pfui! Ihr wollt in ein System hinein, wo man entweder Rad sein muß, voll und ganz, oder unter die Räder gerät!

Großartige Werke der Vergangenheit, die beeindruckende Wirksamkeit der Gene, Triebe, Kultur, die differenzierten Instrumente des Staates verleiten immer wieder dazu, die Bestimmtheit ihrer Anweisungen als universelles Heilmittel einzusetzen, gleich wann und wofür. Wozu zweifeln und suchen, diskutieren und überzeugen, wenn man „Richtiges" einfach verordnen kann? Alles, was man hierfür braucht, ist eine Position zu erreichen, aus der man über die Anderen bestimmen kann. Reichen die eigenen Kräfte nicht aus, so kann man sich jemandem anschließen, der „ordentlich führen kann".

Die Einbildung flüstert – Nichts leichter als das! Lass uns die passenden Gene auswählen, gesunde Triebe ansprechen, ausgewählte Kulturgebote, passende Gesetze und wissenschaftliche Erkenntnisse durchboxen. Beseitigen wir darüber hinaus allen „Unrat", der den höheren Ansprüchen nicht genügt, so wären alle Probleme gelöst.

Diese Anmaßungen verheißen nichts Gutes. Denn, wird die Menschheit gesund, wenn man Kranke und ihre Gene eliminiert? Wenn man das Böse verbannt, schwelgt man dann nur noch im Guten? Wenn man kein Fleisch isst, wird man weniger zum Parasiten? Leben mehr Tiere glücklich und zufrieden auf dieser Welt, wenn man ihre Zucht aufgibt? Wenn man etwas von höchster Stelle anordnet, wird es dann auch ausgeführt? Wird daraus auch das, was man beabsichtigt?

Lassen wir uns nicht von den bunten Verpackungen täuschen. Imperialismus, Nationalismus, Sozialismus, Kapitalismus und andere Ismen, Kulturen und Nationen, Privat-, Familien-, Vereins- oder Staatseigentum sind

78

vorübergehende historische Lösungsansätze und genau so unvollkommen wie die gegenwärtige Landwirtschaft und Tierzucht. Sie sind weder Leitsterne noch Schreckensbilder, sondern unsere Geschichte zum Lernen, um es künftig besser zu machen.

Wenn man den Eigennutz ausrottet, siegt dann der Gemeinsinn? Wenn man Privateigentum verbietet, wendet man sich dann unweigerlich dem Allgemeinwohl zu? – Im Gegenteil! Es gibt keine Gemeinsamkeit ohne Eigensinn und umgekehrt. Der Bestand von Eigenem und Gemeinsamem ist grundsätzlich und von der Evolution über Milliarden von Jahren erfolgreich getragen und fruchtbar vermengt worden.

Das Recht auf Privateigentum ist der fortgeschrittene Mechanismus des Auflösens und der Neugründung der Verbände. Man geht aus dem Verband mit einem monetarisierten, patentierten oder dinglichen Anteil des Erfolges heraus, den man nutzen oder in neue Verbände einbringen kann. Der Umfang und die Regeln sind zeitgemäß und steuerbar. Derjenige, der einen Verband verlässt, weil er seinen Anforderungen nicht mehr entspricht, muss nicht ohnmächtig zusehen, wie alles von ihm davor Erschaffene den Bach runter oder noch weiter gespült wird. Er nimmt Einiges mit und bringt sich und sein Eigentum woanders ein.

Ähnlich steht es mit den individuellen Rechten. Die Sicherung der Privatsphäre fördert nicht Egoismus oder Kriminalität. **Die scheinbar widersinnige Eigenständigkeit der privaten gegenüber den gemeinschaftlichen Rechten, die Abschirmung und der Schutz des Einzelnen von der Mehrheit räumen jedem Menschen die Möglichkeit ein, unvoreingenommene Ansichten zu formen, Bindungen seiner Wahl einzugehen und Verbände nach dem Ruf seines Gewissens und Herzens zu bilden.**

Das private Eigentum reguliert Mittel, privates Recht regelt Zeit und Raum, die das Individuum jenseits einzelner Verbände und Verbindlichkeiten zur Entfaltung nutzen darf. Duldung, ja Förderung von individuellem Eigentum und Rechten gewährt der Gesellschaft freien Fluss von Begabungen zwischen Unternehmungen und Verbänden und verhindert den gewaltsamen Umsturz als einzig verbleibende Möglichkeit des Voranschreitens.

Moralisierungen
Krieg den Palästen, Friede den Hütten?

Ist es richtig, Unrecht zu dulden? Darf man zusehen, wie „Menschenrechte" (mitunter Menschen selbst) geopfert werden? Wäre nicht eine Kriegserklärung an jede Unterdrückung wünschenswert?

Ablehnung – Ja! Erschaffung von Besserem und Übernahme aller Willigen ebenfalls. Einmischung, Vernichtung, Ausrottung – eindeutig – Nein! Krieg hat nur als Vorbeugungsmittel noch größerer Gewalt einen Sinn. Die Freund-Feind-Polarisierung ist ein Zeichen von Konzeptionslosigkeit.

Das Leben ist niemals vollkommen. Weit entfernt von jeglicher Perfektion, nutzt das Leben erfinderisch das Primitive zum Voranschreiten, bildet komplexe Organismen und Verbände mit äußerst widersprüchlichen Eigenschaften. Ob man etwas versteht oder nicht, akzeptiert oder ablehnt, jeder Verein verkörpert und erfüllt für seine Teilnehmer bestimmte

Aufgaben. Viele dieser Aufgaben sind einmalig. Bestehendes zu zerschlagen würde bedeuten, die Aufgaben des Verbands für dessen Mitglieder zu übernehmen, in einer ihnen fremden Weise und gegen ihren Willen. Oft bedeutet dies ihren Tod. Wie falsch, abartig und unannehmbar uns fremde Lebensweisen auch erscheinen mögen, solange diese selbsttragend sind und uns nicht beeinträchtigen, ist ihre Zerschlagung nicht zulässig.

Schön und gut. Wenn man dabei zusehen muss, wie fremdes Leben erniedrigt, gemartert, genommen wird, soll man auch dann nicht eingreifen?

Die Fragestellung ist lebensfremd. Töten nicht Löwen Wild, um zu überleben? Verhalten sich Menschen gegenüber Nutztieren und Pflanzen nicht ähnlich? Alles Bestehende ist ein Provisorium. Einiges davon lässt sich nicht überspringen, solange man hierzu nicht reif ist und bessere Alternativen fehlen. Der Mensch ist nun einmal ein Parasit. Die Evolution hat ihm diese Rolle zugewiesen. Er hat daraus etwas Weiteres gemacht. Er nimmt nur den Tieren und Pflanzen das Leben, denen er zunächst das

Leben schenkt. Dabei tritt er immer mehr als Schöpfer auf. Sicher ist vieles daran zu verbessern. Vollkommen ist diese wie jede andere Zwischenlösung nicht. Jedoch Masttiere aus dem Stall ins Ungewisse zu treiben, sie in eine Welt mit Autobahnen, gepflasterten Straßen, elektrischen Leitungen, Zäunen und Häusern der Gegenwart auszusetzen, nur weil man deren Eingesperrt-Sein für falsch hält, ist keine gute Lösung. Weder Menschen noch Nutztiere gewinnen dabei. Gerechtigkeit besteht darin, dass man in jedem Fremden einen potentiellen Verbündeten sieht. Nicht ausrotten, sondern heranziehen sollte man. Man soll ein besseres Leben anstreben, mit Beispiel vorangehen, Erfolge vorweisen und den Zugang für Mitstreiter offenhalten.

—

DEMOKRATIE

Es heißt – „die Demokratie" wäre die größte Errungenschaft und Krönung der Geschichte. Wenn diese Aussage auch richtig ist, falsch bleibt, was man in der Regel unter einer Demokratie versteht. Man tut sich schwer mit den einfachsten Definitionen, bleibt in allen Formulierungen möglichst unscharf, hält sich mit genauen Aussagen bedeckt. Dafür gibt es triftige Gründe. Die Gefahr, dass dabei etwas Gegenteiliges von dem Behaupteten herauskommt, ist groß. Die Erklärungen werden daher meist auf moralisierende Aufkleber von Lobpreisungen begrenzt: zentrale, wegweisende, freiheitliche, pluralistische, antiautoritäre, mehrheitliche – sind einige wenige davon. Sie alle sind leicht auszusprechen und unmöglich zu leugnen, ob sie im Einzelnen angebracht sind oder nicht.

Nun, man kann über vieles streiten. Die so sehr gelobte und hervorgehobene Meinung – die Demokratie wäre eine Hoheit der Mehrheit über die „uneinsichtigen" Minderheiten ist ohne Wenn und Aber falsch und zutiefst rückschrittlich. Bestrebungen, die Einzelne auf die Linie der Mehrheit zu bringen, sind nicht neu. Ihre Vorläufer sind in den „Hexensteinigungen" der primitiven Völker zu erkennen und von der Archaik bis in die neueste Geschichte zu verfolgen. Hexen gab es in der Steinzeit nicht (noch nicht), wie sie es zur McCarthy-ismus Zeit ebenfalls nicht gab (schon nicht mehr gab), doch auf „Hexenjagd" war man dennoch eifrig versessen.

Von Vielen für Wenige zu entscheiden, versuchte man immer und machte es umso rücksichtsloser, je unreifer der Stand der menschlichen Zivilisation war (bzw. zu dem er abrutschte). Die modernen demokratischen Staatsordnungen wurzeln genau im Gegenteil. Ihr Fundament ist die größtmögliche Teilhabe aller an dem gemeinsamen Streben und der Schutz des individuellen Beitrags vor Anmaßungen der Ignoranz.

Aber, aber. Wieso die Skepsis! Braucht man eine Klarstellung des Demokratiebegriffs überhaupt? Zeigt nicht jede demokratische Ordnung eine typische, nur ihr eigene Struktur der Entscheidungsbildung, die sie zugleich als etwas Fortschrittliches und dem Menschen Zugewandtes auszeichnet? Eben nicht!

Eine Bindung von: „Wahl>Entscheidung>Verwirklichung>Korrektur>Wahl" zu einem Regelkreis ist grundsätzlich, allen lebendigen Organisationen eigen und keine exklusive Besonderheit der Demokratie, sondern ein Basisprinzip des Lebens. Die Verkettung trägt lediglich verschiedene, den Umständen angepasste Gewänder.

Struktur

Was willst du mit dem Messer, sprich!

Leben ist Schöpfung. Die Schöpfung dringt nicht stur und unnachsichtig vor und unterscheidet sich damit von der Physis. Die Schöpfung entwirft Projekte, führt sie aus, prüft und korrigiert das Entworfene, um immer wirksamer und besser zu werden. Je einfallsreicher die Projekte, entschlossener die Durchführung und flexibler die Korrektur von Fehlern (vieles lässt sich nicht vorhersehen und vermeiden), desto erfolgreicher das Leben.

Die Realisierung der Schöpfungsentwürfe bedarf eines Willens, der bei der menschlichen Gemeinschaft in den Machtstrukturen konsolidiert ist. Die Demokratie ist unter anderem ein Prüfungskonzept. Sie verleiht den vagen Bestrebungen der Menschheit ausreichenden Nachdruck, um unbeirrt das Vorgenommene zu verwirklichen, und ermöglicht zugleich eine dynamische Korrektur politischer Entwürfe, allen zwischenzeitlichen Irrungen und Ungewissheiten zum Trotz.

Strukturell gesehen ist Demokratie eine staatliche Ordnung bei der die Führung:
– ausschließlich durch Wahlen an die Macht kommt,
– für eine bestimmte Zeit und in einem definierten Umfang freie Hand (das Mandat) für die Verwirklichung seiner angekündigten Vorhaben bekommt,
– in regelmäßigen Abständen Rede und Antwort steht, das Geleistete den Wählern darstellt, erklärt, rechtfertigt und anschließend
– von den Wählern zur Rechenschaft gezogen wird.

Die dargestellte Struktur der demokratischen Ordnung erklärt ihre Wirksamkeit, sagt jedoch nichts darüber aus, ob diese dem Guten oder

Bösen beisteht. Wie des Messers Klinge kann auch ein demokratisches Gefüge dem Entgegengesetzten dienen. Auf absolut gleichen wie den oben besprochenen „demokratischen" Prinzipien sind zum Beispiel alle Piraten- und Mafia-Gemeinschaften aufgebaut, denen man nun beim besten Willen keine Menschenfreundlichkeit oder Fortschrittlichkeit nachsagen kann.

Die gut dokumentierte Geschichte der Bukanier auf Haiti (Berichte aus dem 17. Jahrhundert) oder des Seeräuberstaates „Libertalia" auf Madagaskar, die so poetisch von Daniel Defoe wiedergegeben wurde (18. Jahrhundert), belegen dies detailliert und eindrucksvoll. Die demokratischsten der Demokraten untereinander, waren allen anderen gegenüber blutrünstige Bestien. Zu Hunderten nahmen sie den Kampf gegen reguläre Armeen mit Tausenden von professionellen Soldaten auf und dank ihrer Geschlossenheit und Initiative siegten sie. Dabei zerstörten sie alles, was sich ihnen widersetzte (Kind, Weib, alt, arm und reich) und ließen keinen Stein auf dem anderen.

Sind Schurken-Banden eine ärgerliche, jedoch

nichts sagende Anomalie? – wohl kaum. Jede Abschottung der Demokratie und ihre Eingrenzung auf Ausgewählte kriminalisiert sie. Der Übergang ist oft allmählich und kaum wahrnehmbar. Die einzelnen Schritte scheinen durchaus harmlos. Sie führen dennoch unweigerlich zur Dedemokratisierung.

Dedemokratisierung

"Jeder Mensch soll frei und unabhängig sein und hierfür Sklaven haben."

… nach Aristoteles

Es kamen viele Menschen zusammen und stimmten über Wenige ab, da diese Wenigen ihnen seltsam, unheimlich, vielleicht nur erbärmlich (wie es z.B. der American Exceptionalism vorschreibt) erschienen. Mit Nachdruck, wenn nötig mit (Waffen) Gewalt brachte man den Sonderlingen das „Richtige" bei. Ist dies das Begehrenswerte an der Demokratie? Gott bewahre! Einst schlug Sokrates der Volksversammlung vor, darüber zu bestimmen, dass Esel – Pferde seien. Die Anwesenden lachten laut auf. Die Heiterkeit verflog, sobald er (große Augen machend) nachsetzte:

Und warum können Athener dasselbe mit Ministern, Richtern oder Generälen tun?

Sokrates liebte klärende Gespräche. Er vermengte diese mit harmlos anmutenden Fragen, provozierte zuweilen. Die unaufdringliche Unterhaltung lief oft auf ernste Gedanken hinaus. Sokrates stritt nicht, dozierte und ermahnte nicht. Er überließ das Wort der Einbildung und brachte zwischen den Zeilen Verborgenes ans Licht. Er lebte in einer Übergangszeit von der Tyrannei zur Stadt-Demokratie, suchte nach Wahrheit, die für ihn ethisch war und auf eine menschenwürdige Haltung hinauslief. Seine Liebe zum „In-Frage-stellen" bezahlte Sokrates mit dem Leben. Was die Tyrannen, denen er persönlich zusetzte, nicht wagten, vollstreckte die Mehrheit, der er gleichgültig war. Wie konnte nur ein so Freiheit liebendes Volk, wie die antiken Griechen, so etwas veranstalten?

– Ganz sachte!

Die Verurteilung und Verkündung des Todesurteils für Sokrates erfolgten streng nach Regeln. Anklage, Verteidigung, Widerspruch, öffentliche Auseinandersetzung und Vollstreckung – alle notwendigen Formalitäten und Regeln der demokratischen Abstimmung wurden akribisch eingehalten. Die Hinrichtung wurde pedantisch und in aller Ruhe vollzogen, selbst auf Feiertage und Festlichkeiten wurde Rücksicht genommen, alles denkbar offen und peinlichst dokumentiert. Die damals gefallenen Worte sind für Nachkommen erhalten und können auch heute nachgelesen werden.

Seit der Hinrichtung von Sokrates müsste man wissen: eine Abstimmung ist noch keine Garantie für Freiheit oder Recht. Wie jedes Werkzeug (Stock, Messer, Mauer) kann ein Mehrheitsbeschluss sowohl zum Schutz als auch zum Gegenteil dienen. **Abstimmung kann beides: Menschen mündig oder mundtot machen.**

Die heutigen Fassaden-Demokratien sind voller Lobpreisungen für sich selbst. Sie werfen Bomben auf friedliche Dörfer, verbrennen Kinder mit Napalm, führen Geheimgefängnisse außerhalb aller Rechtsnormen, inszenieren Schauprozesse und streuen Lügen. Für all das wollen sie nicht geradestehen und denken auch nicht daran. Wenn etwas schief geht, entlassen sie die einstigen Figuren des Schreckens mit Friedensnobelpreisen und anderen Ehrungen, bestrafen die Aufrichtigkeit der Unschuldigen, belohnen die Teilnahmslosigkeit der Gleichgültigen, vertauschen die Bezeichnungen und setzen die alte Politik ungeniert fort.

Aber, aber! Die „Mehrheit" kann sich doch nicht irren. – Und ob! Lobhudeleien verschleiern dies nur. Kein Betrüger, kein Verbrecher kommt zu ihnen und sagt, was er ist und tatsächlich vorhat. Im Gegenteil. Gauner behaupten stets, sie wollten nur das Allerbeste. So auch die selbstpreisenden Dedemokraten. Sie kämpfen allein für ihre Interessen, die zugleich die Interessen der Mehrheit sind. Es sei denn, „Sie sind ein Feind der Mehrheit und gehören entsprechend behandelt zu werden".

Um sich gegen die Tricks von Hütchenspielern zu wappnen, sollte man (bevor man sich auf das Spiel einlässt) klären, was man mit „demokratischen" Wahlen tatsächlich erreichen kann und wann diese Alles zum Gegenteil wenden. Zu viel Unsinn hat man der Demokratie angehängt, zu sehr entstellte man ihr Wesen.

– Dienen Wahlen der Wahrheitsfindung?

Wohl kaum. Die Wahrheit hält nichts von Abstimmungen.

Die Werke Newtons sind allgemein anerkannt. Wären sie jedoch auf die Zustimmung des „Volkes" angewiesen, gäbe es heute keine klassische Physik. Wissenschaft und Politik liegen nicht weit auseinander. Politische Visionen erfordern genau so viel speziellen Verstand wie die Physik. Die Wahrheit lässt sich durch Abstimmung weder ermitteln noch festlegen. Die Zensur berief sich dagegen stets auf die „Sorge um die Mehrheit" und setzte dabei ihre eigene Niedertracht durch.

– Liefern Wahlergebnisse detaillierte Anweisungen für politisches Handwerk?

Der Bäcker, der Tischler, der Tänzer verdanken ihre Fertigkeiten der Anleitung durch Meister. Ihr Können holen sie nicht aus Umfragen bei ihrer Kundschaft. Der Bäcker fragt den Kunden, ob ihm das Gebäck schmeckt. Das Geheimnis der Zubereitung sucht er woanders. Politiker sind Handwerker und Künstler des Staates. Eine Meinungsumfrage trägt wenig zum Verständnis politischer Rezepte bei. Der

Verweis auf die Mehrheit hilft dagegen, sich über die Legitimität von Gesetzen, Traditionen, ja selbst über die Wahrheit zu stellen und diese auszuhebeln. Der Schwarm an Politikwissenschaftlern, Sachverständigen, „Sternen der Wissenschaft" und „Wirtschaftsweisen", die mit ernsten sorgfältig ausgesuchten Schauspielermienen auf die Menschen einreden, dient hierzu. Sie haben ein leichtes Spiel. Überprüfen, was sie sagen, kann die Mehrheit nicht, und sie neigt dazu, dem zu glauben, was ihr am angenehmsten erscheint, besonders wenn die Alternativansichten ausgeblendet werden. Kein Wunder, dass die Dedemokratien immer öfter Schauspieler und Schöngesichter zu ihren Vordermännern machen. Das Theater wird zur Fortsetzung der Politik mit anderen Mitteln jedoch im realen Leben verwirklicht und bis zum Absurden zugespitzt.

– Bedeutet Zustimmung der Mehrheit mehr Gerechtigkeit? Vielleicht war Sokrates ein peinliches Missverständnis. Was geschehen war, ist nunmehr Vergangenheit, wir sollten es vergessen und optimistisch nach vorn schauen. Von wegen!

Wer das Recht auf eine aufgebrachte Menge überträgt, schürt Pogrome. Einvernehmen mit der Mehrheit macht nicht fehlerfrei, wohl aber straffrei. Der Täter ist in der gesichtslosen Masse vor Verfolgung geschützt. Wie bereitwillig der Einzelne sich im Namen von Mitmenschen zu Abscheulichkeiten hinreißen lässt, sieht man an unzähligen Auswüchsen von revolutionären Umbrüchen und Kriegen. Die Abgründe der Menschenseele lassen sich mit dem Hass und den Ängsten der Menge multiplizieren und ins Ungeheure steigern, der Gerechtigkeit dienen sie nicht. Das Gewissen und eine ausgewogene Urteilsbildung werden nicht inmitten einer tobenden Menge, sondern in Zurückgezogenheit, bei ungetrübter Gesinnung gepflegt.

– Kann die Demokratie überhaupt einem Unrecht dienen?

Nichts leichter als das, besonders wenn sie hierfür besser entlohnt wird.

In Sparta diente eine demokratische, ja beinahe kommunistische Organisation von Lakedämoniern der brutalen Unterdrückung von Heloten. Die Segregation war weder biologisch noch ideologisch bedingt. Heloten bildeten einfach die materielle Grundlage, auf der der „Kommunismus" von Sparta begründet war. In Athen gab es keine Kasten, Wahlrecht wurde dennoch nicht weniger streng reglementiert als in Sparta. Jemandem ein Wahlrecht zuzugestehen, bringt nicht viel, wenn dieses unter den herrschenden sozialen Verhältnissen nicht materiell garantiert ist. Bedingungen der Mündigkeit müssen erst erschaffen werden. Jemand, der seine gesamte Zeit für das Verdienen von Überlebensnotwendigem aufwenden muss und für den Rest keine Kräfte findet, kann sich nichts anderem zuwenden. Von dieser Warte aus gesehen, erscheint der Spruch von Aristoteles (dem Begründer der Logik) über die unverhandelbar immanente Freiheit des Einzelnen (nicht aber der Sklaven), gar nicht so hirnrissig, wie es sich für den verwöhnten westlichen Bürger anhört. Auch das Benehmen von George Washington ist folgerichtig. Zwar setzte er sich verbal überaus eifrig für die Demokratie und Freiheit aller Menschen ein, dachte jedoch nicht im Geringsten daran, seine eigenen Sklaven zu befreien, die ihm eben diese Freiheit ermöglichten. Und so halten die westlichen Demokratien ihren Lebensstandard auf Kosten der übrigen Welt mit barbarischen, korrupten, autoritären Mitteln, scheuen sich nicht davor, Diktatoren in ihren neokolonialen Sphären zu mehren und die Befreiungsbewegungen zu diffamieren, da diese Unterdrückung und der rücksichtslose Raub fremder Ressourcen eine Voraussetzung der Mündigkeit ihrer Wähler sind.

Die Demokratie lässt sich nicht per Dekret anordnen, weil sie für ihre Wähler zuerst minimale Mittel zur eigenständigen Entwicklung gewähren muss: Wärme, Essen und Zugang zur Bildung. Ohne diese bleiben alle Deklarationen und Rechte bloß Lippenbekenntnisse.

– Wie steht es mit der Offenbarung des Volkswillens? Ist die „Demokratie" nicht ein eindeutiger Beleg hierfür?

Es gibt eine Wahrheit und ihre Auslegungen, es gibt eine öffentliche Meinung und Ergebnisse von Umfragen. Die Abstimmungen erfassen die augenblicklichen, sehr ungenauen Stimmungen. Die Wünsche der Menschen und die Resultate ihrer Verwirklichung haben nichts miteinander zu tun. Bei der Gegenüberstellung eines Traums und dem, was dabei herauskommt – sagen die Meisten ohne zu zögern – so habe ich es niemals gewollt. Und sie haben völlig recht damit. Den Wunsch und seine Umsetzung trennen Welten. Menschen wollen allein, dass das Resultat ihren Wünschen entspricht und nicht, dass die Wünsche zum Gegenteil führen.

– Bedeutet Demokratie nicht eine Gleichstellung von Jung und Alt, beugt sie hierdurch dem Altersstarrsinn vor und gibt dem Neuen die Möglichkeit, sich durchzusetzen? Das Gesagte ist suggestiv und bedeutet: „Divide et impera" – wenn man das Unterschwellige übersetzt. Man darf solche Bestrebungen niemals zulassen. Die Demokratie soll vereinen und nicht trennen. Die Freiheit bedarf Menschen, die diese lieben und um nichts auf der Welt aufgeben, Menschen, die sagen – mit uns nicht! – und nach ihrem Gewissen gegen jeden Druck, auch gegen den der Mehrheit, handeln, Menschen, die nicht nur mit Kreuzen auf geduldigem Papier, sondern mit ihrem ganzen Leben und Werk, mit jedem Atemzug, abstimmen, die sich frei gegen jeden Widerstand und jede Kontrolle entfalten. Je länger die durchschnittliche Lebenszeit eines Menschen, desto grösser der Anteil lebenserfahrener Individuen an der Gesellschaft und desto schwerer fällt es Diktatoren, sie auszuschalten. Wer den zweiten Weltkrieg überlebt hat, wird sich nicht so leicht für neue Kriegspropaganda gewinnen lassen oder Hitler noch einmal wählen. Je „jünger die Gesellschaft", desto leichter lässt sie sich zu Abscheulichkeiten hinreißen. Man sieht es an den blutigen Revolutionen in Afrika oder bei den Kambodscha Khmer, die durch Armeen von bewaffneten und zu allem bereiten 10-16-Jährigen (im Grunde noch Kinder) ausgefochten wurden, an den Aktivisten der „Linken-" und Grünen-Bewegung, die bereit sind, alles Bisherige zu zerschmettern und es auch gedankenlos tun.

– Wie steht es mit der Freiheit, die eine Demokratie jedem Einzelnen gewährt?
Freiheiten gibt es verschiedene und nicht alle sind erstrebenswert, insbesondere, wenn es um Freiheiten auf Kosten anderer geht. Wir haben dies bei Mafia-Clans bereits erwähnt.

Die Macht des Volkes liegt in dem tatsächlichen Gestaltungsraum, den der Staat dem Einzelnen bereitstellt, durch Gesetze garantiert und sich durch nichts aushebeln lässt.

Die gegenteiligen Bestrebungen überführen die Demokratie gleitend in die Diktatur, der wie auch immer konstituierten Mehrheit (des Katholizismus, Puritanismus, der Bourgeoisie, des Proletariats, der Nationalität, der Dedemokratie). Exzesse solcher Diktaturen hat die Menschheit nacheinander erlebt, um die Folgen zu kennen (Papsttum, Calvinismus, Bonapartismus, Leninismus, Hitlerismus, MacCarty-smus, American Exzeptionalismus). Je breitere Massen den Rückhalt dieser Diktatur bilden, je unüberwindbarer die Barrieren zwischen den „mündigen" und allen anderen Gruppen waren, desto brutaler und erdrückender zeigte sich der Despotismus. Man sieht das besonders deutlich an den jedermann bekannten noch frischen Narben des Faschismus und seiner Ideologie.

„Triumph des Willens"

Banditen bilden eingeschworene Gangs und

wachsen mitunter bis zu internationalen kriminellen Vereinigungen heran. Sie werden jedoch von der Gesellschaft neutralisiert, bevor ihr Einfluss überhand nimmt. Der Faschismus brachte es dagegen bis zur höchsten Form einer staatlichen und sogar imperialen Dedemokratisierung überhaupt.

Die italienischen Faschisten wählten das altrömische Rutenbündel als Zeichen ihrer Bewegung. Der lateinische Begriff dafür lautet "fasces". Davon leitet sich der Begriff "Faschismus" ab. Einzeln sind wir leicht zu brechen, wie ein dünner, biegsamer und fragiler Zweig. Zu einem Bündel zusammengeschlossen sind wir eine unbesiegbare Macht. Die Deutschen waren nicht weniger „romantisch".

Sie wollen das Lied nicht begreifen,
sie denken an Knechtschaft und Krieg
—derweil unsere Äcker reifen
Du Fahne der Freiheit, flieg.
Wir werden weiter marschieren
wenn alles in Scherben fällt,
die Freiheit stand auf in Deutschland
und morgen gehört ihr die Welt. (1936)

Die faschistische Bewegung schwenkte die

Fahne des Kampfes für Freiheit, moralische Reinheit, für die Volksgemeinschaft, für die Stärke Einzelner. Messianisch erhob der Faschismus den Anspruch, sich für die Gemeinschaft einzusetzen und diese zu führen, dabei die Besten aus ihrer Mitte hervorzuheben und sich um diese zu scharen.

Alles unehrlich, erzwungen, inszeniert und vorgetäuscht – sagen die Gegner.

Inszeniert? – Gewiss war der Faschismus voll von Theatralik, er liebte Effektvolles und Mitreißendes. Erzwungen, vorgetäuscht, unehrlich? – Weit gefehlt.

Der positive Volksentscheid im Saarland von 90,7%, die Volksabstimmung über die Wiedervereinigung Österreichs mit dem Deutschen Reich mit 99,73% Ja-Stimmen bei einer Wahlbeteiligung in Österreich von 99,71%, und 99,59 % im Altreich – lassen sich vielleicht beschönigen, aber nicht in diesem Ausmaße aufzwingen oder vortäuschen. Die Zustimmung der Italiener zum abessinischen Krieg und zur Ausrufung des italienischen Imperiums am 9. Mai 1936 waren zahlenmäßig schlechter erfasst als die deutschen Beispiele und dennoch enorm, und sind nicht weniger eindrucksvoll in filmischen und schriftlichen Chroniken dokumentiert. Die Begeisterung der Menschen war echt. Paare gaben ihre goldenen Eheringe ab, um den Eroberungskrieg, Flächenbombardierungen und Gifteinsätze in einem der ältesten Länder der menschlichen Kulturepoche zu finanzieren. Damit ist Eritrea und nicht Italien gemeint.

Alles durch Lüge, Manipulation und Verstellung hervorgebracht?

Im Gegenteil! Der Faschismus verabscheute Täuschung in der Politik. Alle Kompromisse, Maskeraden, kleine taktische Umwege und Zugeständnisse waren ihm zuwider. Der Faschismus war denkbar offen, klar und in seinen Aussagen zutiefst ehrlich. Er verwirklichte konsequent das, was er aussprach und gewann hierdurch einen großen Teil seiner Anhänger.

„Die Gespräche mit Hitler" von Rauschning 1932-34 sind in dieser Hinsicht besonders interessant. Er kannte Hitler persönlich, gehörte zum engeren Kreis, folgte ihm begeistert und verließ ihn entsetzt. Im Exil als Anti-Hitler-Propaganda entstanden und dem Faschismus vieles vorwerfend, was er noch nicht formuliert haben konnte (der Krieg war noch nicht ausgebrochen), zweifeln „die Gespräche" an keiner Stelle die Ehrlichkeit der faschistischen Ideologie an. Sie betonen immer wieder: der Faschismus hat mit Versteckspielen nichts am Hut. Wort und Tat der faschistischen Macht sollten für jeden möglichst transparent und nachprüfbar sein. Übrigens, das meiste von dem, was Rauschning antizipierte, trat dann auch tatsächlich ein. Der Faschismus brachte alle Prinzipien der Dedemokratisierung bis zu ihrem logischen Ende. Machte er sie dadurch besser? Nein – makabrer!

Was sagt man da? Der Faschismus soll ehrlich sein? Aufrichtigkeit dem Faschismus zugestehen, würde bedeuten, dass sich dieser gleicher Prinzipien wie heutige „Demokratien" bedient und dabei um einiges wirksamer ist. Ein frostiger Gedanke, wenn man sich auf die Ereignisse rund um den zweiten Weltkrieg zurückbesinnt. Sollten auch unsere Äpfel von dem gleichen Pferd fallen? Es muss doch etwas grundlegend anders an den heutigen Demokratien sein!

Hatte der Faschismus zum Beispiel sich nicht zum Gegner des Parlamentarismus erklärt und diesen vehement bekämpft? Ja, — nur feinden sich die demokratischen Parlamentsfraktionen nicht ebenfalls an und sind lediglich weniger erfolgreich in der Verdrängung ihrer Konkurrenten?

Der Faschismus positionierte sich als Gegner des Parteienzanks und miteinander streitender Parlamentgrüppchen. Er pochte stattdessen auf die von der Mehrheit geführte in sich geschlossene staatliche Führung! Beschwört der „demokratische Westen" nicht die gleiche Geschlossenheit gegenüber seinen erklärten und unerklärten Feinden auf Schritt und Tritt? Lässt „der demokratische Westen" nicht nur die Parteien zur Wahl kommen, die sich (abgesehen von Eitelkeiten ihrer Träger) in nichts Wesentlichem unterscheiden? Setzt er nicht alle anderen Strömungen einem offenen Druck aus, unterwirft geheimdienstlicher Überwachung, unterwandert mit Provokateuren, diffamiert und hetzt alles Abweichende? Man nennt dies „demokratische Werte" schützen. Nichts und Niemand ist dabei sicher. Selbst einst gewählte

Staatschefs wie Schröder oder Trump werden zu Feinden der Demokratie erklärt und verfolgt. Abrechnungen mit Sarkozys, Berlusconis und anderen demokratische gewählten Figuren sind allgegenwärtig. Nein, nicht das „Gesetz gegen die Neubildung der Parteien", nicht die Geheimdienste und Polizei, sondern die Mehrheit brachte den Faschismus an die Macht und stützte seine Beschlüsse. Es genügt nicht, das Gesetz zu verkünden, man muss auch genug Anhänger hinter sich scharen – idealerweise die Mehrheit. Die bürgerlichen Parteien vor und nach Hitler haben zum Teil viel radikalere Gesetze verfasst, um ihre politischen Gegner auszuschalten. Sie nutzten bereitwillig Berufsverbote, Gefängnisse, sogar Morde dazu und bauten hierzu eine enorme Maschinerie von Überwachung und Unterdrückung auf. Gladio ist eine unbedeutende europäische Fußnote. Was Snowden weltweit offenlegte, ist bloß die Spitze des Eisbergs. Dagegen zählte 1935 der gesamte Apparat der Gestapo 4 200 Mann in der Zentrale und vor Ort. Ein Land mit mehr Polizisten, Geheimdienstlern, Gefängnissen und Gefangenen als die USA ist wiederum in der Geschichte nicht zu finden. Ist die USA faschistisch? Nein. Ihrer Führung mangelt es an Ehrlichkeit – der unbedingten Voraussetzung von Effektivität. Daher zeigen alle drakonischen Gesetze dennoch eine niedrige Wirkung und können nicht einmal WikiLeaks verhindern.

Zu den Grundpfeilern der faschistischen Ordnung gehören:

– Ersatz des individuellen Gewissens und der Innerlichkeit durch die Tatkraft der Mehrheit.

– Uneingeschränkter Vorrang der Mehrheit über den Einzelnen. Die direkte und sofortige Ausübung dieses Mandats in allen Bereichen des Lebens.

– Aufhebung von Hindernissen, welche sich dem „Volkswillen" in den Weg stellen. Wahrlich, für die gegen einander kämpfenden Parteien war in dieser Welt kein Platz. Der Zank antagonistischer Interessen wurde durch die sich ergänzenden Kammern und Bunde, sowie durch „Kraft durch Freude" ersetzt. Was sich dem Trend widersetze, wurde kurzerhand auseinandergejagt.

Selbst die ultranationalistischen Verbände (Stahlhelm, Kampffront, Reichsflagge, Wiking, Heimatschutz oder die aufmüpfige SA-Spitze) blieben nicht verschont.

– Aufhebung jeglicher sozialer, wirtschaftlicher, politischer und kultureller Schirmwände, welche ein Individuum von der Mehrheit trennen. Ein Vorgang, der unweigerlich zu einer gesellschaftlichen Gleichschaltung führte. Der Faschismus ging noch um einiges weiter. Selbst das Feigenblatt der Nacktheit und der Intimität war dem Faschismus verdächtig. Die Menschen, Mann und Frau, sollten sich ihres Körpers nicht schämen, sondern stolz sein, offen zeigen und nach Kräften dem Wachstum des gesunden Volkes beitragen. Alles abweichende gehört angeprangert und ausgemerzt zu werden. Die Euthanasie lässt grüßen.

– Kristallisation gesichtsloser Massen um besonders überragende Vertreter des Volkes (Duces, Führer etc.) oder das Führerprinzip. *Seid ein Vorbild, ein Vorbild ersetzt tausend Vorschriften.* Oder der Aufruf – *Mehr sein als scheinen* – stand auf der Klinge des SS-Ehrendolchs und drückte die gewünschten

Einstellungen aus. KZ-Wächter, Einsatzkommandos und Waffen-SS trugen ihn gleichermaßen stolz und unterschieden sich nicht in ihrer Funktionalität.

– Die Mehrheit war stets zentral für die faschistische Haltung. Man könnte einwenden, die faschistischen Mehrheitsentscheidungen waren nicht demokratisch abgestimmt, sondern unter Gewehren und drakonischen Strafen erzwungen. Was nicht zutrifft.
Sie waren vielmehr als nur mehrheitlich getragen. Sie waren völkisch! Erstens, verwendete der Faschismus gern alle möglichen Abstimmungen zum Ausbau seiner Machtstellung und scheute sich nicht davor, Meinungen auf der Straße einzuholen, die er damit voll für sich vereinnahmte. Zweitens ging der Faschismus viel weiter. Bei der Abstimmung kann ein Einzelner sich drücken, nicht zur Abstimmung kommen, den Zettel unbemerkt für andere „falsch" ausfüllen und abgeben. Der Faschismus brachte die Abstimmungen in jedes Haus, jede Familie und legte die Haltung einzelner für alle anderen offen. Damit erschuf er einen „gläsernen" Menschen, lange noch bevor es

Computer und Elektroniküberwachung gab.

– Der Faschismus zog Massenkundgebungen, Demonstrationen Manifestationen, Aufmärsche, Fackelzüge, öffentliche Veranstaltungen den langatmigen Urnen und unpersönlichen Zetteln vor. Bei den Kundgebungen tritt der Wille der Mehrheit direkt und anschaulich zu Tage. In einer rasenden Menge, die ihre Hände zum römischen oder Hitlergruß hebt, einfach da zu stehen und die Hände unten zu lassen, war ein ungleich größerer Affront des Einzelnen gegenüber der Mehrheit als ein nicht abgegebener oder gar mit „Nein" stimmender Wahlzettel es je sein konnte. Die Mehrheit machte mit solchen „Volksschädlingen" kurzen Prozess und wurde davon durch nichts abgehalten. Alleine das Toben der Menge am „Foro Italico", in den Straßen, Plätzen und Sälen der Nürnberger Parteitage (als es aufwärts ging), aber auch später im Sportpalast 1943 (als der kalt klirrende Tod schon im Nacken saß) sprechen Bände. Keine Strafgesetze, keine Androhungen vermögen solche „Offenbarungen" des Mehrheitswillens vorzuspielen. Auch die Kristallnacht und die Bücherverbrennung auf dem Opernplatz sind Ausdruck eines „Volks-empfindens" und einer direkten Äußerung der „Volksmacht".

Aus dem Mund des NS-Apologeten hören wir: *„Möge die helle Flamme unserer Begeisterung niemals zum Erlöschen kommen. Sie allein gibt auch der schöpferischen Kunst einer modernen politischen Propaganda Licht und Wärme. Aus den Tiefen des Volkes stieg sie empor und zu den Tiefen des Volkes muss sie immer wieder hernieder steigen, um dort ihre Wurzeln zu su-chen und ihre Kraft zu finden."* Goebbels meinte jedes Wort ernst und tat alles Denkbare, um diese Flammen zu entfachen.

– Der Faschismus hatte seine Wurzeln in ei-nem übergeordneten Zwang, der so typisch ist für alle Kulturen. Nur wurde dieser übergeord-nete Zwang nicht mehr durch die geschichtlich bedingten kulturellen Gebote und Traditionen geprüft, aufrechterhalten und vermittelt, son-dern von der aufgeheizten Mehrheit ausge-führt. Vielleicht fand die faschistische Bewe-gung gerade deswegen ihren stärksten Aus-druck unter den Kulturvölkern. Die Verwunde-rung darüber, dass sich Nationen von Poeten,

Musikern, Malern und Denkern mit einem enormen Erbe an humanistischen Traditionen, Philosophie, Kunst und der Wissenschaft hierzu so leicht hinreißen ließen, ist naiv. Sie waren in ihrem anerzogenen Hang zur „Einordnung in das Gemeinsame" geradezu prädestiniert hierzu.

– Dem Faschismus kann man Neigung zur übertriebenen Reinheit vorwerfen. Der Anteil an Kosmetik an seiner Ästhetik war jedoch minimal. Der Vorwurf der Verstellung ist völlig ungerecht. Faschismus ist der erklärte Henker der Selbstbestimmung jenseits der Mehrheit. Die faschistische Bewegung hat dieses, sein zentrales Ziel stets unterstrichen. Nur der Bund, das Volk, die Volksgemeinschaft zählen. Die Mehrheit entscheidet uneingeschränkt über den Einzelnen. Der Einzelne darf sich nur darin entfalten. Die Geschichte zeigte, was hinter dieser „gehobenen" Formel steckte – Konzentrationslager, mit Todesfabriken für Andersdenkende, der Drang nach Osten und zur Weltherrschaft, Versklavung und Ausrottung von Andersstrebenden.

Die Menschheit, hat diese, vielleicht die

düsterste Nacht ihrer Geschichte, überstanden und ist aus dem faschistischen Albtraum aufgewacht. Die faschistischen Slogans finden aber auch heute Zustimmung. Dies tun sie quer über alle politischen Bewegungen und sind selbst bei „erklärten Antifaschisten" zu finden. Man wählt ängstlich andere Worte, um sich möglichst nicht in Verbindung mit dem Faschismus zu bringen und übernimmt umso gewissenhafter die Kerninhalte.

Der Faschismus kann mächtig werden und jeden stark machen, der sich diesem anschließt, er ist dennoch nicht überlebensfähig. Stärke kann das Angesammelte besser durchsetzen, das Wahre vermag die Kraft nicht zu erkennen. Im Gegenteil, die Wucht des Triumphes des Willens legt dem Bewusstsein Fesseln an und tötet den Geist. Menschen werden dabei zu blinden Werkzeugen degradiert. In Kolonnen marschieren diese dann singend und fahnenschwenkend wie Lemminge zum Abgrund und reißen Millionen anderer mit in den Tod.

Ist es rechtens, auf die Ähnlichkeiten hinzuweisen, wenn es gerade um die Unterschiede geht?

Schließlich sind Schimpanse und Mensch in vielem ähnlich, genetisch sind sie sogar zu über 98% gleich. Kommt es nicht gerade auf diese wenigen Prozente an? Wenn man von einigen Überschneidungen absieht, liegt nicht der Unterschied zwischen den heutigen Demokratien und dem Faschismus in der eindeutigen Begrenztheit demokratischer Mandate? Hitler wurde nach seiner Kanzlerwahl 1933 praktisch unabwählbar. Besteht darin nicht ein klarer Unterschied zu den Demokratien? Demokratische Führungen werden nur für begrenzte Perioden gewählt, die gesetzlich verankert sind. Sicherlich war Roosevelt fast genau so lang und Adenauer und Merkel sogar länger an der Macht als Hitler, nur sie wurden wiedergewählt, Hitler blieb dagegen unbestätigt im Amt.

Klingt zunächst logisch, ist dennoch nicht stichhaltig. Erstens wäre Hitler, hätte er sich zur Wahl gestellt, mit weit höheren Zustimmungsraten bestätigt worden als alle Erwähnten. Zweitens, hat die Dauer und der Umfang der Mandate mit dem mehr oder weniger an Demokratie nichts zu tun.

Mandate

Im Jahre 1917 beschreibt ein deutscher Offizier an der Ostfront, wie ein Trupp von russischen Revolutionssoldaten gegen seine Stellungen einen Angriff führt. Unter den Salven von Maschinengewehren und Artillerie gingen die Angreifer in Deckung. Was danach folgte, war höchst verwunderlich. Soldaten begannen aus ihren Deckungen in den Bombentrichter durch Zurufe und Händeerheben abzustimmen, ob sie den Angriff fortsetzen sollten. Anscheinend stimmten sie zuerst positiv, rückten etwas vor, hinterließen einige Leichen auf dem Acker, duckten sich wieder, versanken in Erdlöchern, stimmten erneut ab und krochen schließlich durch den Dreck zurück.

Was war das – Demokratie pur oder grenzenlose Dummheit? – Beides.

Warum sollte man überhaupt Regierungen oder eine Führung wählen? Warum nicht gleich alle Fragen in Referenden, Volksentscheiden, Diskussionsforen etc. klären und Beschlüsse direkt umsetzen? Weil Beschlüsse noch nichts bewirken und alle „konkreten"

Fragen der Referenden suggestiv und einseitig sind. Sie blenden die Komplexität aus. Etwas vorhaben und dieses auszuführen ist nicht eins. Wiederum Wünsche gibt es viele. Man kann nicht weiter gehen, bevor man etwas zum Abschluss gebracht hat. Die Reihenfolge des Angehens und der Koordination sind entscheidend. Die Wahl der Regierung oder Vertretung, die eine Umsetzung vollziehen soll, trennt Zweifel von dem Entschluss.

Das Mandat ist eine Anweisung zum Handeln, aber kein Freibrief für die Resultate des Handelns. Die Handlungsvollmacht ist je nach den Zielen spezifisch begrenzt. Wahlen dienen dazu, vorrangige Ziele und die besten Kandidaten ausfindig zu machen.

Die Dauer des Mandats sagt nichts darüber aus, ob das Wahlergebnis demokratisch oder antidemokratisch ist. Das Mandat muss ausreichend sein, um die abgesteckten Ziele zu verwirklichen. Je nach Aufgabe sind unterschiedliche Mandate notwendig. Die eine Situation besteht bei Militär und Gesetzgebung, eine andere bei Bauvorhaben, Bildung, medizinischer Versorgung, Wissenschaft und Religion.

Sofern alle diese Sonderziele aus einem gemeinsamen Topf finanziert werden, ist auch eine übergeordnete zentrale Regulierung (regelnde Verwaltung) sinnvoll. Selbst auf begrenzte Zeitperioden gewählt, erhebt diese Zwischenregierung keinen Zweifel an der Dauer der untergeordneten speziellen Mandate. Die Führung von Akademien, Armeen, Universitäten, Handels- und Gerichtskammern aber auch von Monarchien und Kirchenhäusern ist autonom. Eine Regierung kann unter Umständen einen Oberkommandierenden, Oberpriester oder sogar König des Königshauses aus den Prätendenten benennen, Präzedenzfälle hierfür gibt es zur Genüge. Jemanden zum Akademiker, General oder Prinzen zu bestimmen, kann die Regierung nicht. Diese werden jeweils innerhalb der autonomen Strukturen nach den dort herrschenden Traditionen bestimmt und geduldet oder fortgejagt.

Der Vergleich der Mandate gemeinsamer und spezieller Vereine zeigt: Alle großen und kleinen, speziellen und allgemeinen Vereinigungen sind nach ähnlichen Prinzipien aufgebaut. Auch dort wird gewählt, allerdings sind

Bedingungen, Zeiten und Inhalte der Mandate unterschiedlich und ihrem Zweck angepasst. Manchmal sind sie auf Monate begrenzt, manchmal für Jahre, Lebenszeit oder sogar für die Bestandszeit einer Dynastie vergeben. Nicht nur Könige und Pontifices werden auf Lebzeit gewählt. Bei den Verfassungsrichtern wird das Mandat meist ebenfalls auf Lebenszeit ausgestellt. Es unterscheidet sich somit nicht vom Mandat der Könige und Päpste und ist in seiner Dauer sinnvoll, einfach, weil den Amtsträgern die Wahrung traditioneller Werte obliegt. Die Mandatszeit ist nie pauschal, sie wird entsprechend der jeweiligen Aufgabe zugeschnitten.

Die modernen Staatsregierungen sind bunt aus Substrukturen mit vielfältigen Mandaten zusammengesetzt. Ihr Entstehen und Zusammenwachsen sind historisch bedingt. Weniger oder mehr demokratisch werden sie dadurch nicht. Heute existierende Monarchien, angefangen von Japan über Spanien, Norwegen, Belgien, Dänemark, Schweden, Großbritannien, Kanada, Australien, und viele andere, belegen dies. Weniger demokratisch als die USA sind diese Monarchien nicht.

Wie man sieht, bestehen keine prinzipiellen Unterschiede zwischen einer auf eine bestimmte Zeit gewählten Regierung und einer königlichen Dynastie. Die einzelnen Einrichtungen kommen nur dann in Clinch, wenn sie sich gegeneinander richten, anstatt der Gemeinschaft zu dienen. Warum sie sich jeweils ergänzen oder bekämpfen und verdrängen, kommt auf die konkreten Umstände an. Wichtig ist allein, wie die einzelnen Strukturen ihre Verantwortung tragen.

Verantwortung

Kierkegaard (1813-1855) wirft Demokratien Verantwortungslosigkeit vor. Während der Amtsträger in der Pflicht vor seinen Vorgesetzen und dem Staat steht und für die Resultate seiner Entscheidungen, Beschlüsse, und Handlungen Verantwortung trägt, verweisen die Demokratien einheitlich auf den Willen des Wählers.

Kierkegaard hat die Große Französische Revolution nicht erlebt. Damals endete die fehlverstandene Verantwortung von Volksvertretern oft auf dem Schafott oder in der Verbannung. Zu seinen Zeiten war die Demokratie im Aufwind und konnte sich manchen Patzer erlauben. Daher stammt seine kurzsichtige Vorstellung des „demokratischen Alles-erlaubtseins". Was er der Demokratie vorwirft, ist keine Eigenschaft der Demokratie, sondern der Dedemokratisierung und Arroganz. Jede von unverdientem Erfolg verwöhnte Macht neigt zu selbstgefälliger Willkür.

Ob der Amtsträger gewählt oder benannt wird, jedes Amt sieht bestimmte Pflichten vor. Ist das Amt angenommen, stellt man sich damit auch in seine Pflicht.

Eigentlich ist die Verantwortung vor den Wählern das zentrale Prinzip der Demokratie. Nur wird dieses von Dedemokratien oft ausgehöhlt und ins Gegenteil verkehrt. Es kommt selten vor, dass eine Regierung, einmal an der Macht, sich zur Rechtfertigung vor das Wahlvolk stellt, ihre Entscheidungen und Politik direkt darstellt, erklärt und rechtfertigt. Selbst Fragen aus der Menge werden gemieden und den offiziellen Sprechern nach einem festgeschriebenen Ritual überlassen. Die Demokraten fühlen sich hierzu berechtigt. Schließlich wurden sie von „Allen" gewählt. Fragen an sie richten irgendwelche Einzelne aus der Menge. – „Willkür wie sie leibt und lebt". Allerdings nur in ihrer Auslegung.

Damit eine demokratische Ordnung einer Demokratie dient, darf die persönliche Verantwortung für die Folgen nicht auf die Abstimmenden abgewälzt werden, sondern muss voll und ganz bei denen liegen, welche die Beschlüsse umsetzen. Hinweise auf die Anderen befreien nicht im Geringsten von der Verantwortung. Sie degradieren die "Volks-Vertretung" zu einer Farce. Eine Umkehrung der Verpflichtungen ist desaströs für die Volksmacht. Dort, wo die Wahlen die Führung und ihr Gefolge von der Haftung vor den Mitmenschen und der Geschichte reinwaschen, allen anderen aber die sogenannten „mehrheitlichen Entscheidungen" und Bürden der Resultate aufzwingen, ist die Abstimmung Schild und Schwert einer durch nichts eingeschränkten Diktatur. Die Totalität, Strenge und Unausweichlichkeit dedemokratischer Diktaturen waren für die einstigen Despotien

121

unerreichbar, ja unvorstellbar.

Abstimmen lässt sich über alles. Somit lässt sich auch alles aushebeln. Nichts ist dabei sicher, einschließlich der Staatsverfassung und des Grundrechtes auf das Leben und dessen Unversehrtheit. Wir sehen das an den Verordnungen zum Schutze des Deutschen Volkes („fast noch gestern verfasst") oder an den Gesetzen zur Corona-Impfpflicht und dem Infektionsschutzgesetz, an dem Durchboxen von sehr zweifelhaften Erzeugnissen der Big-Pharma (in der neuesten Geschichte). Damals wie jetzt, wurden in wenigen Monaten weltweit alle Zivilisationsregeln einer tausendjährigen Vergangenheit fortgefegt. Gerade die Gegenwart zeigt, wie leicht die Dedemokratisierer sich über jedes Recht auf Selbstbestimmung hinwegsetzen. Alles was man hierfür braucht, ist dreist zu übertreiben, unwissende Massen einzuschüchtern und die Abstimmungen so lange zu wiederholen, bis „das Richtige" herauskommt. Dabei bleiben Fakes, Unterstellungen, bezahlte Forschungsvortäuschungen und blanke Gewalt gegen Andersdenkende für die Urheber völlig straflos. Die Wahrheit der

Kontrahenten wird umgekehrt für Lügen erklärt und strafrechtlich mit aller Härte verfolgt. Die Last tragen ausschließlich die Wähler und die Wahrheit-Suchenden. Die Führung bleibt dagegen frei von allen Unannehmlichkeiten. Gleich welchen Leithammel die Schafe auch wählen, es entscheiden die Herdenhüter, die hinter den Wahlurnen stehen, wohin dieser die Herde führt.

Tatsächlich sollten die Gewählten es riskieren, sich gegen die mächtigen Strippenzieher zu stellen, so haben sie mit öffentlicher Verleumdung und Verfolgung zu rechnen, müssen berechtigt um ihr Leben fürchten. Das Schlimmste, was den gewählten „Volksvertretern" wiederum passieren kann, wenn sie sich gegen die Schäfchen stellen, ihre Wahlversprechen brechen, gegen die Wählerinteressen handeln – ist ihre Abwahl bei der nächsten Legislatur. Sehr arg erweist sich diese Strafe nicht. Die Abwahl entbindet von lästigen Amtspflichten bei weiterhin gesicherten Bezügen. Die Abgewählten bekommen dafür gutbezahlte Ehrenposten in Wirtschaft, an Universitäten und allzu berechtigte Hoffnung, bald wieder an den Staatstrog zurückzukehren.

Wenn es zu Interessenkonflikten (zwischen Persönlichem und Gemeinsamem) kommt, ist nicht schwer vorherzusagen, wofür die Regierenden sich letztendlich entscheiden. Und so sehen wir, wie „flammende" NATO-Gegner plötzlich zu Vorsitzenden dieses militärischen Bündnisses aufsteigen. Wir sehen, wie kompromisslose Pazifisten, grüne Rebellen und Liberale, kaum an der Macht, das Gegenteil von dem durchsetzen, was sie in ihrer „Jugend" und insbesondere vor der Wahl propagierten. Die Revoluzzer und „Friedenstäubchen" führen Angriffskriege in Jugoslawien, Libyen, Afghanistan, Irak und der Ukraine, errichten, ohne mit der Wimper zu zucken, Mauern und Gefängnisse, holen schmutzige Braunkohle und Atomkraft von den Mülldeponien, wo sie diese vorher naserümpfend hinwarfen. Das Einvernehmen mit den Drahtziehern ist sicherer, angenehmer und ertragreicher als die „Zustimmung" oder „Ablehnung" der gesichtslosen und im Grunde zahnlosen Menge. Widerstands-Ikonen wie Sahra Wagenknecht bleiben in allen Zeiten und Ländern eine extrem seltene

Ausnahme.

Rechte auf Demonstrationen, Streiks und Kundgebungen dienen unter solchen Umständen nicht mehr ihrem ursprünglichen Zweck, sondern einem Ritual des Dampfablassens. Proteste werden zum größten Teil gelenkt und inszeniert, oder als eine Art Karneval von Verrückten behandelt. Sollen sich die Hitzköpfe austoben und ihre Kräfte einbüßen. Man kann sie dabei besser kontrollieren, ihre Anführer ausmachen und neutralisieren. Man gesellt sich sogar gern hinzu, stellt sich in die ersten Reihen für ein schönes Bild, bezahlt Schreihälse professioneller Stimmungsmacher und Klatsch-, Buh- oder Lach-Chöre. Sollten die Ausschreitungen lästig werden oder eine unpassende Richtung einschlagen, so werden sie mit Hinweis auf Missbrauch für undemokratische Werte polizeilich (wenn nötig mit Wasserwerfern, Schlagstöcken, Tränengas, Verhaftungen, Plastik und echten Kugeln) aufgelöst. Eine reale Gefahr für die Macht geht weder von den Abstimmenden noch den laut Protestierenden aus. Die Dedemokraten lieben Kundgebungen nicht weniger als Rom Gladiatorenkämpfe liebte. Laufen gerade keine, dann veranstalten sie welche und sind dabei äußerst einfallsreich.

Freiheit beginnt mit selbstständigen Entscheidungen und Taten mündiger Bürger. Freiheit endet mit dem Recht, sich über andere hinwegzusetzen. Die Unterdrückung lässt sich durch Wahlen hervorragend verordnen, daher haben die Machthaber diese auch so gern übernommen. Allgemeine Verunsicherung und Ratlosigkeit sind ein idealer Boden und ein exzellentes Hilfsmittel dafür.

Meinungs(un)freiheit

„Man kann das ganze Volk eine Zeit lang täuschen, und man kann einen Teil des Volkes die ganze Zeit täuschen, aber man kann nicht das gesamte Volk die ganze Zeit täuschen.“

– Leider doch!

Das geistige Leben der Gesellschaft erlaubt es, vielfältige Ansichten zu formen. Die Diskussionen rund um die politischen Visionen dienen dazu, sie zu konkretisieren. Je breiter und unvoreingenommener die Diskussionen geführt werden, desto solider das Resultat. Wahrheit

126

kann man hierdurch nicht gewinnen, aber man kann die Sehnsucht danach gut formulieren.

Pluralität ist das höchste Gut! Nur diese ermöglicht es, jedes Problem umfassend zu beleuchten, dabei bestimmte Denkrichtungen einzuschlagen, zu verfolgen und aus der Verknüpfung von Meinungen oft unerwartete Lösungswege aufzuspüren. Alles, ob gut oder schlecht, muss frei auf den Tisch, zugänglich und überprüfbar sein. Die demokratische Verfassung soll einen Schutzwall sowohl zum Reifen als auch zum Äußern von Meinungen bieten. Sie soll dem Einzelnen unaufgefordert Räume für Denken und Handeln überlassen, Räume und Rechte, die unantastbar und weder durch ein Diktat der Mehrheit oder der Tyrannen- noch Volksbeschlüsse oder spitzfindige Auslegungen zu kippen sind. Anderenfalls wendet sich die „demokratische Abstimmung" eindeutig gegen die Demokratie. Formen und Mechanismen bleiben die gleichen, Ziele und Absichten werden jedoch umgedreht.

Die Meinungsfreiheit ist das Recht, seine Ansichten zu formulieren und zu vertreten ohne Angst vor Verfolgungen und ohne

Rücksicht auf den Druck von Macht, Menge und Einbildungen des Besserwissens. Die Garantie des Lebens und seiner Unversehrtheit gehören hierzu.

Gewiss kann dabei manches Beleidigende, Makabre oder Verlogene hochkommen. Sokrates, als man ihm berichtete, dass jemand in seiner Abwesenheit von ihm sehr schlecht spricht, sagte zwar: „In meiner Abwesenheit darf er mich sogar schlagen". Nicht jeder reagiert jedoch gleich gelassen, wenn es um seine Persönlichkeit geht. Je höflicher und lockerer man jedoch gegenüber Anfeindungen bleibt, einen umso deutlicheren Kontrast bildet man. Die gehässigen Ausfälle helfen bei der Wahrheitsbildung nicht weniger als die „gesicherten" Botschaften der Wissenschaft. Sie zeigen ungeschminkt das wahre Gesicht ihrer Verkünder und zwingen die Beteiligten dazu, genau auf die Inhalte und Taten der Sprecher zu achten. *Man lügt wohl mit dem Munde, aber mit dem Maule, das man dabei macht, sagt man doch noch die Wahrheit.* **Fehlt die Meinungsfreiheit oder wird sie unter guten Vorsätzen ausrangiert, so marschiert die Demokratie**

in Richtung Diktatur.

Alle Einschränkungen der Meinungsfreiheit sind Kniffe, Stricke und Schlagstöcke von Diktaturen. Die „Dedemokratisierer" haben sich hierfür einiges einfallen lassen. Medienregulierungen (Ethik/political-correctness/life-matters), Datenschutz Bestimmungen, Demonstrationsverbote aus Scheingründen wie Gesundheit oder Sicherheit (wir reden hier nicht über Anmeldungen zwecks der öffentlichen Absicherung der Abläufe und etc.), verwandeln freie Wahlen in das Gegenteil. Es wird über alles diskutiert außer über Themen, die die Menschen angehen. Alles Heikle wird umgangen oder unter Strafe gestellt.

In Zeiten der Zensur wird Geheimhaltung erforderlich. Geheimhaltung schützt Urteilsbildung vor Zensur. Die Konspiration von Geheimgesellschaften ist gerade aus dem Bestreben entstanden, sich der Kontrolle zu entziehen. Wenn man auch die Zensur nicht gänzlich umgehen kann (die Emotionen einzelner, besonders bei intimen Themen, spielen dagegen und sind oft unbeherrschbar, alles lässt sich daher nicht im öffentlichen Raum gutheißen und sollte auf ein höfliches Miteinander hin moderiert, nicht zensiert werden), so sollte man die Geheimhaltung der Meinungsbildung schützen und sich trotz aller gegenteiliger Bestrebungen daran halten. Der Zugang einzelner zum Buchwissen, seine privaten Mitteilungen an andere, Gespräche, Briefe sollten möglichst der Kontrolle entzogen und (ganz wichtig) die Wahlen sollen geheim, direkt und unabhängig gestaltet werden.

Mogelzahlen

Niemand kam bisher an die Macht, ohne dass er vorher von einer Gruppe hierzu gewählt wurde. Warum ist dann eine Wahl nicht gleich jeder anderen? Besteht das Besondere demokratischer Wahlen in der Zahl der Menschen, die daran beteiligt sind?

Gewiss, auch Dynastien, Könige, Päpste und Imperatoren werden und wurden gewählt. Dies geschah jedoch durch eine sehr begrenzte Anzahl an „Wahlberechtigten".

Das Europäische Parlament wird dagegen von allen EU-Bürgern gewählt (niemand weiß allerdings, wer da hineinkommt, wie die

Zusammensetzung der Gremien zustande kommt und was sie eigentlich tun).

Ist dies nicht der Beweis einer größeren Bürgernähe der EU-Parlamentarier gegenüber Monarchien wie z.B. denen von Luxemburg oder Monaco (deren königliche Vertreter für jeden sichtbar und zugänglich sind und deren öffentliche Entscheidungen für alle nachvollziehbar erfolgen)? Würde man alle Menschen der Erde zusammenbringen, sie eine Weltregierung wählen lassen und dann die Menschheit dieser Regierung unterstellen, wäre solch eine Regierung dann nicht die demokratischste aller Demokratien?

Die ironischen Fragen und Gegenüberstellungen sind beabsichtigt und sollen die Unsinnigkeit solcher Konstrukte zeigen. Entscheidend sind nicht die Zahlen, sondern die reale Beteiligung der Wähler an den Wahlresultaten und die Möglichkeit echter Wahlalternativen. Je geringer diese sind, desto miserabler sind der Stand und die Bedeutung einer demokratischen Einrichtung.

Wahlen sind keine Gesprächsrunden über alles und gar nichts, sondern Mittel, bessere Wege zu finden und etwas zu ändern. Eine Teilnahme an niemanden interessierenden Besprechungen verbittert nur. Die demokratischen Einrichtungen erwachsen daher aus konkreten Vorhaben und entstehen nicht aus blauem Dunst. Die Spezifik der Aufgaben und nicht die Zahlen oder Grenzen der Wahlregion sind ausschlaggebend. Welchen Sinn würde es z.B. haben, Akademiemitglieder, Bischöfe und Fürsten durch allgemeine Wahlen zu bestimmen? Gewiss hat die Tätigkeit dieser Posten direkte Auswirkungen auf alle, nur würde ihre Ausübung besser, wenn sich jeder in diese einmischt?

Abstimmungen sind nur von Bedeutung, wenn sie den Wählenden ermöglichen, sich in das Gemeinsame einzubringen.

Triumph des Geistes

Bei der Betrachtung von Wahlen und der Umsetzung ihrer Ergebnisse haben wir bisher überwiegend Negatives aufgezählt und den Missbrauch angeprangert. Die Vorwürfe sind zahlreich und bitter. Dies ist nicht weiter verwunderlich, da es dabei um die Trennung der

Demokratie von den Dedemokratisierungen, faschistischen Transformationen und Kriminalisierungen ging. Das Aufgezählte kann jedoch nicht alles sein, was die Demokratie ausmacht, sonst würden die Menschen diese nicht so innig anstreben! Ist es auch nicht.

Der Vorrang der Mehrheit vollzieht das Gesetz der Stärkeren. Das Wichtigste an der Demokratie ist aber **die Selbstbestimmung.** Sie beginnt mit der elementaren Achtung der Persönlichkeit, welche nicht weniger rücksichtsvoll behandelt wird als die Verbände und Staatlichkeit, denen sie angehört.

Eine Diktatur presst Menschen zusammen, wie Kohlenstaub zu Kohlebriketts. Die Demokratie behandelt Menschen wie Rohdiamanten, um die unscheinbaren Naturklumpen zu facettenstrahlenden Brillanten zu bringen. Kein Brillant und kein Mensch gleichen dem anderen. Nur die Berücksichtigung ihrer Natureigenheiten lässt sie in voller Pracht erstrahlen. Die Demokratie erstrebt eine maximal mögliche Einbindung und Entfaltung von Talenten. Sie überlässt jedem die Möglichkeit, sich an dem Gemeinsamen zu beteiligen auf eine Weise, wie es seinen Gaben am besten geziemt.

Auf den Punkt gebracht:

Eine Demokratie ist eine Teilhabe, eine Diktatur besteht in einer Unterdrückung. Wie beide zustande kommen ist wichtig, aber nicht entscheidend. Die Diktatur lässt sich bestens durch Abstimmung durchsetzen, die Demokratie und Gleichheit Aller vor dem Gesetz werden oft durch autoritäre, mit den Betroffenen nicht abgesprochene Beschlüsse eingeführt.

Banditentum und Faschismus, Hippies, religiöse Orden und Freaks können sich demokratischer Prinzipien bedienen. Zu einer Demokratie werden sie hierdurch noch lange nicht. Bezeichnend für die Demokratie sind Offenheit und eine tatsächliche und nicht bloß deklarierte Ausrichtung auf die Souveränität. So wie der Geist umso mehr an Tiefe gewinnt, je mehr Menschen zu seinen Inhalten beitragen, so gewinnt auch die Demokratie ihre Kraft mit jedem Menschen, der sich ihr anschließt.

Im antiken Griechenland wurde das Wahlrecht nur freien Stadtbürgern gewährt (Sklaven wurden von Aristoteles als sprechende Haustiere definiert). Bürger fremder Städte hatten keine

Rechte, wurden als Rivalen betrachtet und entsprechend behandelt. Ein organisches Zusammenwachsen griechischer Stadtstaaten war unmöglich. Die Wahlergebnisse einer Stadt hatten in einer anderen keine Geltung. Ein Zusammenschluss erfolgte daher über die Dominanz einzelner Polis, wie Athen oder Sparta, oder nach einer Unterwerfung durch Eroberer, wie Darius oder Alexander.

In der römischen Republik schloss das Wahlrecht alle Patrizier des Herrschaftsgebietes ein (später kamen ausgewählte Plebejer hinzu). Die Demokratie wuchs somit über die Stadtgrenze. Die Macht der römischen Republik basierte auf den jährlichen Wahlen zum Senat und den Magistraten. Der Fortschritt gegenüber den Stadtdemokratien war enorm und sicherte der römischen Republik den Aufstieg zu einem Imperium. Imperatoren waren dabei noch lange nicht in Sicht und dennoch durch den Lauf der Dinge schon irgendwie vorprogrammiert.

Die Unfähigkeit der Demokratie, sich auf das Gesamtgebiet auszuweiten, brachte Rom zu Fall. Die Römische Republik verlor ihre

Unterstützer, so dass ihre Zahl nicht ausreichte, um den wachsenden Aufgaben gerecht zu werden. Sie fand nicht genug Menschen, die sich für die Republik einsetzten, dafür aber reichlich Feinde, die ihre Arroganz verabscheuten. Das Recht, das eigene Urteil zu bilden und dieses zu vertreten, lässt sich nicht usurpieren. Grenzen sind ihm widerwärtig, ihre Errichtung führt zu Auflehnung und Kampf. So kam es auch.

Kämpfe förderten das Recht der Stärkeren und boten somit den Königreichen, Despotien und Dynastien reichlich Nahrung. Das römische Imperium ist untergegangen, nicht im Kampf gegen einen überlegenen Feind, sondern aus innerer Schwäche und wegen zu vieler (an sich unbedeutender) Feinde. Die Demokratie starb dabei nicht, sie nahm vorübergehend andere Formen an und verteilte sich anders in der Geographie und Weltgeschichte. Neben „Gott gegebenen" Fürsten, Königen und Monarchen wählte jede Stadt und Gemeinde weiterhin ihre Statthalter und Verwaltungen. Despotien wiederum mussten ihre Konsolidierung in Adel und Hof (Vasallität) sowie in den Reichstagen des Heiligen Römischen Reiches suchen.

Die parlamentarische Monarchie hat England für zwei Jahrhunderte einen Überschuss an eifrigen Unterstützern gewährt und ermöglichte dem winzigen Großbritannien nach der „Glorreichen Englischen Revolution" eine Vorherrschaft weit über die Meeresgrenzen hinaus. Der Vorsprung war enorm und nicht einholbar bis die „Große Französische Revolution" das Zensuswahlrecht durchsetzte. Von da an wetteifern die Staatsstrukturen miteinander, welche das Wahlrecht immer weiter bis zum allgemeinen Wahlrecht ausbauen und über dieses ihre Verfechter rekrutieren.

Gesellschaften, die nicht Schritt hielten oder sogar in die entgegengesetzte Richtung ruderten, zerschellten oder wurden an den Rand der Geschichte gedrängt. Hatte der Faschismus eine geschichtliche Chance?

Wohl kaum!

Werden die jederzeit und überall vorhandenen Demokratisierungstendenzen   durchkommen?

Letztendlich ganz gewiss nicht!

Mit dem Reifen der Menschheit wird die Abschottung   immer   unhaltbarer   und   ein

Zusammenschmelzen von gleichberechtigten Staatsstrukturen und ihren Bürgern zu einer Weltdemokratie unausweichlich. Die Voraussetzung hierfür ist zunächst die Souveränität der Mitwirkenden und ihrer Vereine. Es kann keine Mündigkeit dem Einzelnen gewährt werden, wenn die Mündigkeit seiner bisherigen Vereine negiert wird. Die heutigen „Dedemokratien" gehen vom Gegenteil aus.

Stalin soll gesagt haben; „Ich habe immer geglaubt, die Demokratie wäre eine Macht des Volkes. Genosse Roosevelt hat mich korrigiert. Die Demokratie ist die Macht des amerikanischen Volkes." Ob die Situation echt oder in Gedanken nachgestellt wurde – keine Demokratie kann sich dort behaupten, wo man Anderen Mündigkeit abspricht und alle jenseits „eigener Grenzen" als Gegner oder hörige Vasallen betrachtet. Der Kampf der heutigen Dedemokratien für ihre „exklusiven Werte" und gegen die autoritären (mit anderen Worten selbstständigen) Vereine wird ebenfalls scheitern. Der enorme Reichtum und die Waffenbestände werden nicht helfen. Man kann die Menschen zwar belügen und einschüchtern, mit Wahlen,

Umfragen und Gesetzen knebeln, doch macht man sie auf diese Weise nicht zu Verbündeten. Auf die Kameradschaft bzw. banale Gemeinsamkeit kommt es letztendlich an.

Die Stärke der Demokratie ist die Stärke der sie tragenden Menschen. Ungeachtet aller Irrungen wird eine weltumfassende Demokratie unausweichlich kommen und sie wird aus einzelnen Staaten und ihren Bürgern zusammenwachsen. Nicht fromme Wünsche, sondern die Kräfte, die sie schenkt, werden sie aufrichten.

Vorwärts

Wenn der Gang der Demokratie unaufhaltbar ist, warum sehen wir immer wieder, wie diese nach dem Aufflammen kläglich untergeht, um woanders unverhofft und grell wieder aufzuleuchten. Warum kommt es zu keinem ununterbrochen Voranschreiten?

Weil die Demokratie den gleichen Gesetzen wie jedes andere Leben folgt. Leben ist Entfaltung und Wachstum. Die Demokratie ist eine Teilnahme daran. Dort, wo die gesellschaftliche Entfaltung stockt, zerfällt die Demokratie. In der Stagnation finden Talente keine

Anwendung. Die Hochschätzung, die man der individuellen Eigenart und Selbstständigkeit einst entgegenbrachte, kehrt sich ins Gegenteil. Die Aufopferung erntet dann statt Verehrung nichts als Missachtung und Hohn. – „Wenn du so gut bist, wo bleibt dein Geld, dein Vermögen und deine Stellung?"

Jeder Verein ist ein mehrzelliger Organismus. Das Verhalten der Mitglieder im Verein hängt nicht so sehr von den einzelnen Wünschen und Stellungen der Teilnehmer ab, sondern davon, ob und wie der Verein im Ganzen wächst.

In Zeiten unbegrenzter Wachstumsquellen, wie bei der Eroberung eines dünnbesiedelten Kontinents (z.B. Amerika), der Erschließung neuer Ressourcen (Ackerbau) oder bei Intensivierungen der Arbeitsfähigkeit (durch Maschinen, Elektrizität, Computer-Automatisierung), kommt es zu einem zügigen Wachstum, das umso kräftiger ausfällt, je mehr Menschen sich daran beteiligen und je enthusiastischer sie es tun.

Die sozialen Strukturen werden dementsprechend umgebaut. Jeder, der am Wachstum teilnimmt, ist willkommen und wird in seinem

Streben ermuntert und entsprechend seines Beitrags entlohnt. Die Motivation einzelner ist hoch, hoch ist auch ihre Schätzung und Unterstützung durch die Gemeinschaft. Die Demokratie mobilisiert alle verfügbaren Kräfte und lenkt diese auf die vordringlichen Aufgaben.

Sind die Grenzen des Wachstums erreicht, ändert sich das Bild. Das Wachstum muss ins Verhältnis zu den Ressourcen gebracht werden. Anordnungen hierfür bedarf es nicht. Der wachsende Zank untereinander erledigt diese Aufgabe bestens. Enthusiasmus, Initiative und Hingabe werden auf einmal von den Ereignissen abgestraft. Sie bringen denen, die sie vertreten, statt Erfolge und Anerkennung, nur Unkosten, Mühen und Schmerzen. Statt Helden werden so bedauernswerte Don Quijotes geboren. Niemand zeigt Interesse für fremde Opfer, wenn diese fruchtlos für alle bleiben.

Und währenddessen tun Schurken das Ihre. Sie parasitieren an dem Fremden, zerstören und vereinnahmen dessen Früchte, erschaffen aber somit freien Platz fürs Nachwachsen. (Von einem echten Wachstum kann keine Rede sein.) Sie lügen, rauben, stehlen ungeniert und kommen dennoch durch, werden reich und scharen Speichellecker um sich. Die Gemeinschaft zerfällt in antagonistische Gruppen. Die „Wahlen" dienen in einem solchen Konglomerat nicht mehr der Teilhabe und Entfaltung von Talenten, sondern der direkten Unterdrückung und Diktatur gegnerischer Gruppen. Die Schurken gedeihen umso besser, je gründlicher die Kräfte der Schöpfung gebunden sind. Die Basis von Wahlentscheidungen wird immer enger und die gesellschaftliche Segregation größer. Parasitismus und Hierarchie wuchern. Keine guten Gesetze oder Freiheitskämpfe können daran etwas ändern. Der Aufstand von Kaninchen gegen ihre Züchter kann nur auf eine Weise, nämlich im Bräter, enden, der Aufstand der Bauern gegen ihre Fürsten ebenfalls. Um aus diesem Zustand herauszukommen, bedürfen einzelne Menschen und ihre Vereine freie Räume zum Wachstum. Dies geschieht in Städten, auf Erkundungsreisen, in Manufakturen und Forschungsstätten. Beim Aufspüren und Erschließen von neuen Wachstumsquellen findet die „Entscheidungsschlacht" statt. Diese muss nicht einmal mit Waffen geführt werden, sofern der Kräfteüberschuss groß genug ist. Waffen beschleunigen dennoch den Vorgang.

Man sieht, die Demokratie ist kein definierter, klar umrissener Zustand, sie ist der Fortgang einer ununterbrochenen Reifung und Entfaltung. Der Fortschritt geschieht nicht automatisch, sondern stets in starkem Gegenwind einer Dedemokratisierung. Die Demokratie kann daher kein Anrecht und kein festgelegtes Gut sein. Sie lässt sich per Gesetz regeln, aber nicht real einführen und garantieren. Demokratie ist unter anderem auch ein Symptom. Die Menschen hängen an ihr, nicht weil die Demokratie „moralischer" sei, sondern weil sie zeigt, dass die Gesellschaft, der man angehört, sich in die richtige Richtung entwickelt. Die Demokratie kann man nur sichern, indem man die Entfaltung der Gesellschaft fördert.

Wie tut man das?

Nun, Lösungen gibt es unendlich viele, und der menschliche Geist fügt alltäglich neue hinzu.

Alles, was die Lebensräume der Menschheit erweitert, die verfügbaren Energieressourcen mehrt, die geistigen, körperlichen Kräfte und die Lebensdauer von Menschen erhöht, stärkt die Demokratie. Welche der Seiten man dabei zunächst wählt: rot, schwarz, gelb, grün, scheckig – ist nicht entscheidend.

Was heißt das Gesagte im Hinblick auf den jetzigen Stand der Menschheit? Wo sind wir? Wo geht es mit uns hin?

Nur eins.

Der einzige Weg, der unweigerlich zur Fortentwicklung der Demokratie führt, ist der Weg zu den Sternen. Die Sterne, die wir dabei meinen, liegen nicht irgendwo unerreichbar im Himmel (wie bei den Weltreligionen), sondern sie sind in den Tiefen des Universums gleich hier und jetzt: in uns, um uns und über uns – an den Horizonten unserer kühnsten Träume, auf dem Weg *durch Nacht zum Licht.* Dieses Streben lag der gleichnamigen Beethovens Sonate und der deutschen Fahne zugrunde, eher die letzte einen peinlichen „Adler" erhielt.

Das Instrument, das den Zugang garantiert, ist das Bewusstsein und die Entfaltung des Geistes. **Wahre Demokratie ist der Triumph des Geistes, der sich in den unendlichen Weiten des Weltalls entfaltet und keine Beschränkungen dauerhaft hinnimmt.**

Noch ist weder die Herrschaft des Geistes noch seine Souveränität erreicht. Nicht einmal gleiches Anrecht und Zugang zum geistigen Erbe wird dem Einzelnen zugestanden. Überall steht ein makabres Patentrecht eines geifernden Egoismus im Weg. Selbst Werke, die vor 200 Jahren entstanden (und noch ältere), sind wegen des „Urheberrechts" nicht frei zu lesen. Hindernisse und Reglementierungen nehmen unentwegt zu. Wenn es so weiter geht, wird der deutsche Geist bald auf die zensierte und stark beschnittene Wikipedia begrenzt. **Dabei besteht die Gleichheit der Menschen im gleichen Anspruch auf die Erzeugnisse des Geistes**.

Die Lebensbewegung bemüht sich um Mündigkeit für alle: Völker, Verbände, Wähler und „Noch-nicht-Wähler", gleich welchem Staat oder Ethnos sie angehören. Um dies zu gewähren, bedarf es nicht nur einer ideellen, sondern auch institutionellen Macht und einer breiten Menschenbewegung, die diesen Anspruch durchsetzt.

Die Menschheit muss noch einen langen Weg zurücklegen, bis solch eine Gesellschaft entsteht. *La città del Sole*, die leuchtende Stadt auf dem Hügel liegt weiterhin in der Ferne. Mehr noch, sie besteht bisher in Entwürfen und Bauplänen und muss erst erbaut und eingerichtet werden.

Die Lebensbewegung wartet nicht darauf und malt keine schönen Bilder mit Blick aus dem Gefängnisfenster (wie Campanella es 30 Jahre lang im Inquisitionskerker tat), sondern versucht mit allen verfügbaren Mitteln für jeden Menschen auf unserem Planeten freie Entfaltungsräume zu schaffen. Eben das ist wahre Demokratie. Hierfür muss man nicht das Rad neu erfinden, sondern alle schon vorhandenen Institutionen vereinnahmen und mit neuem Inhalt und Geist füllen.

Was wir in diesen Strukturen anstreben sollten und von welchen Prinzipien ausgehend – das umreißen wir im Grundgesetz.

–

- II -

Präambel:

Die soziale Ordnung hat jedem seiner Mitglieder ein Lebensniveau zu garantieren, das zur freien Entfaltung des Bewusstseins genügt. Eine ausreichende Versorgung Einzelner mit Kalorien, Quadratmetern Wohnfläche oder Habe sind ein Muss und Mittel, jedoch kein Selbstzweck. Nicht das Haben an sich ist von Bedeutung, sondern wie dieses der Vervollkommnung des Geistigen und der Körperlichkeit beiträgt.

DAS GRUNDGESETZ

Alle Macht geht vom Volke aus – das steht in den meisten modernen Verfassungen.

Das ist kein Wunsch und das sind keine Almosen an die „Massen", wenn auch die Amtsinhaber diesen Satz oft so auffassen. Es ist auch keine Forderung oder erkämpfte Errungenschaft, selbst wenn „vom Volk" gerne so gedeutet wird. Der Satz ist eine intuitive Einsicht, dass ohne Gemeinschaft nichts geht. Leben ist

Gemeinschaft und die Gemeinschaft entspringt dem Leben.

Alle Macht geht von der Lebensgemeinschaft aus und dient dem Leben – müsste es heißen.

Ein wesentlicher Teil jeder Verfassung definiert die obersten Organe, die Stellung des Präsidenten, des Kanzlers, des Bundestages, des Parlamentes, der Räte, des Obersten Gerichtes, der Wähler und Bürger. Dieser Abschnitt ist in der Regel sehr detailliert und wichtig. Der Teufel steckt bekanntlich im Detail. Sieht man jedoch von den historisch entstandenen (in einzelnen Ländern zum Teil gegensätzlichen und dennoch gut funktionierenden) Einzelheiten ab, so weist die Benennung zentraler Organe lediglich auf den Weg der Entscheidungsbildung hin. Sie definiert Instanzen und Etappen, hinter denen Zweifel unzulässig sind. Das Individuum hat sich der Obrigkeit zu unterwerfen, gleich welche Gegengründe er auch anführt. Polizei und Behörden sorgen für die Durchsetzung der festgelegten Ordnung. Wichtig sind diese Strukturen, jedoch nicht an sich, sondern in dem Maße, wie sie der Lebensgemeinschaft dienen. Wir können uns daher kurzfassen und gleich zur Kernaussage kommen.

Das oberste organisierende Prinzip der Lebensbewegung ist die Initiative. Die oberste Befehlsgewalt obliegt der Gewissheit der Wahrheit. Das Primat der Koordination gehört der Kompetenz. Die höchsten Richter sind das Gewissen und die Eigenverantwortung. Die einzelnen Staatsstrukturen haben sich diesen Forderungen unterzuordnen.

Was denn, eine Gesellschaft ohne Befehle, Weisungen, Druckmittel, allein auf guten Vorsätzen aufgebaut? So wie bei den klassischen Anarchisten, die mit Ermordung von oft gänzlich unschuldigen Amtsträgern (wie der liebenswürdigen Sissi) starteten und beim Krieg aller gegen alle landeten?

Das liegt uns fern!

Die Hoheit des Bewusstseins, Können und Verstehen sind nicht vererbbar. Der Geist ist machtlos dort, wo die Einsicht fehlt. Der Generationenwechsel wird immer wieder Ignoranz hervorbringen. **Die begierig Strebenden müssen angeleitet und ihr Ego zurechtgewiesen**

werden. Ohne Druck ist keine Kontinuität der Erfahrung möglich. Der Zwang und seine Organe sind jedoch nicht die oberste Instanz. Sie springen ein, wenn die Schöpfung versagt oder sich Vermessenheit ausbreitet.

Sagt dir die Führung – geh nach rechts, es muss aber links heißen – so musst Du selbst den Weg in die richtige Richtung finden. **Verantwortung liegt bei dem, der die Wahrheit sieht!**

Wären Wahrheit und Gewissen nicht zu lasch? Der Staats- und Parteiapparat, jede Administration, besitzt ein breites Arsenal an Durchsetzungsmitteln. Gewissheit wäre im Vergleich dazu gar nicht streng, mitunter sehr wohlwollend zu denen, die ihre Gebote überschreiten.

Irrtum! Es gibt keinen strengeren und unbefangeneren Richter als die Realität. Diese allein sagt uns unverhohlen, was man ist und wo man landet.

Wen kümmert die Selbsteinschätzung? Diese lässt sich nicht ummünzen. Einen Schutz bietet sie auch nicht. – Stimmt, jedoch nur äußerlich. Die eigene Einschätzung hat keinen Verkaufswert. Man kann sich dahinter auch nicht wie hinter einem Gesetz oder Wahlergebnis verstecken. Die Gewissheit, richtig zu liegen, wiegt dennoch viel mehr. Sie gibt dem Leben Freiheit, Unabhängigkeit und Rückhalt bei den Gleichgesinnten.

Was aber, wenn das Gewissen im Irrtum landet?

Handelt es sich um eine Selbstverblendung, so wirft diese ihre Besitzer gegen die Mauern der Realität. Ist man im Recht, so nähert man sich Schritt für Schritt der Unsterblichkeit.

Unabhängigkeit ist nicht das Fehlen von Druck oder Straflosigkeit. Unabhängigkeit ist die Fähigkeit, den überholten Zwängen der Gene, der Körperlichkeit, der Kultur eine bewusste Wahrheit als eine bessere Option gegenüberzustellen, diese zu verfolgen und schließlich zu verwirklichen.

—

- III -
ZIELE

Der bei weitem umfangreichste Abschnitt jeder Verfassung behandelt die Ziele. Es ist unmöglich, alle Ziele zu nennen, die im Zusammenhang mit dem Leben aufkommen, auch wird die Wunschliste mit der Zeit nicht kürzer. Es kommen stets neue hinzu. Wir versuchen, die derzeit wichtigsten zu skizzieren. **Die Ziele der Lebensbewegung sind:**

Verbreitung

Das Anlegen von Wohninseln überall dort, wohin das menschliche Streben reicht, von der schäbigsten Hütte im Urwald bis zur Raumstation auf den Saturnringen. Die Verwandlung von Wüsten in blühende Gärten bei jedem Aufenthalt zwischen dem tiefsten Grund des Marianengrabens und den entferntesten Galaxien.

Bejahung des Seins

Die Aufdeckung der Schätze der Evolution, die in unserem Leib schlummern, die Pflege

153

der Körperlichkeit sowie Ausdehnung der Erlebnisfülle und Lebensdauer.

Ein wertes oder unwertes Leben gibt es nicht. Jedes bestehende Lebewesen ist eine Apotheose einer Milliarden Jahre langen Geschichte und Beleg genug, dass es lebenswert ist. Groß oder schmächtig, bedacht oder flink, rau oder glatt, rund oder klobig: die Gleichheit aller ist nichtig. **Wichtig ist, dass man jegliches Leben ermuntert und diesem hilft, die Schranken der Physis zu überwinden. Was immer ein Lebewesen in seiner Einzigartigkeit erreicht, erreicht es für das gesamte Leben.**

Und wenn man versagt und aufgeben möchte? Auch der Wille zum Rückzug ist zu respektieren. Verzicht ist ein Teil des Strebens. Oft lässt man lediglich etwas fallen, um sich umso unbeschwerter aufzuschwingen. Sein ist ewig. Schlaf und Tod sind ein kurzzeitiges Ausklinken des Bewusstseins.

Vervollkommnung

Die Fortentwicklung der Sinne, des Geistes, der leiblichen Fähigkeiten, Kräfte und Ausdauer. Die Möglichkeiten hierzu sind unerschöpflich. Ihre Aufzählung wird niemals vollständig sein und ist überflüssig. Selbst nach Milliarden Jahren der Evolution entdecken Menschen immer wieder Nie-Dagewesenes in sich und um sich. Sie reiten, laufen Schlittschuh, fahren Ski, surfen, tanzen im Windtunnel und bringen sich auf eine neue, nie dagewesene Weise in die Wirklichkeit ein. Sie malen mit Steinen, Stoffen, Körpern, sogar mit Licht, Wasser und Windströmen. Sie gestalten Bauwerke und Landschaften, machen Musik, dringen zu den Geheimnissen des Universums vor. Sie fördern Unglaubliches zutage, als wären sie hierzu geboren. Und dieser Vorgang geht immer weiter und nimmt kein Ende.

Bewusstseinspflege

Das Bewusstsein erhebt den Menschen über seine Biologie, ohne seine Körperlichkeit aufzugeben. Je nachdem auf welchen Boden der geistige Samen fällt, entfaltet sich das Bewusstsein nur bis zu einem gewissen, den Anlagen und Umständen entsprechenden Grad. Die Fähigkeiten, Geistiges zu erfassen, sind von Mensch zu Mensch unterschiedlich. Rasse,

Lebensbedingungen, Entwicklungszustand der Gesellschaft und ihrer Bildungs- und Rechtsstrukturen fahren dazwischen, fördern oder behindern das Resultat. Voraussetzbar und vorherbestimmbar sind die Ergebnisse nie. Geniales kann überall auftreten. Je breiter jedoch der Kreis ist, den die Bewusstseinsinhalte erreichen und je günstiger die Bedingungen zu deren Aufnahme sind, desto größer ist die Wahrscheinlichkeit, dass diese fruchten.

Eine wichtige Aufgabe der Lebensbewegung besteht in der Gewährung der maximalen Zugänglichkeit von schriftlichen, visuellen und Ton-Zeugnissen überall und für ALLE. Die Sprache der Schöpfung kennt keine Exklusivrechte von Individuen, Klassen und Nationen. Atom wird griechisch, (al)Chemie – arabisch, Sputnik – russisch, Chip – amerikanisch bleiben, von der Menschheit stammen und allen gehören. Was liegt daran, wer diese Worte prägte! Ein Verbrechen ist es, einzelnen zuzuschreiben, was des jeden ist.

Die Lebensbewegung fördert all das, was der gegenseitigen Befruchtung auf den genetischen, kulturellen und Bewusstseins-

156

ebenen dient. Das Bekenntnis zur Freizügigkeit der Wissensübermittlung ist zentral. Keine Bewertungen, wie gut sie auch gemeint sind, dürfen sich in den Weg stellen und etwas verbieten oder zurückdrängen. Der Versuch, den Geist zu privatisieren, ist das Anmaßendste, was die menschliche Borniertheit je hervorbrachte. Jeder Versuch, den Geist dem Ego zu unterwerfen (in welcher Form auch immer), ist kriminell.

Wucherer kaufen Brot in Notzeiten auf, halten es zurück, treiben den Preis hoch und bereichern sich daran. Der Wucherer hat weder das Feld bestellt und gepflegt, noch das Korn geerntet, gespeichert, gemahlen oder an den Mann gebracht. Er hat lediglich den fremden Hunger ausgenutzt und Hass gesät, der ihn vernichten wird. Mit Inhalten steht es ähnlich. Sie sind das tägliche Brot, ja die Luft des Bewusstseins. **Die Anerkennung des Urheberrechtes ist nur insofern zulässig, als dieses dem besseren Verbreiten der Werke dient. Es betrifft allein den Aufwand, die Form der Vervielfältigung und Verteilung der Vorlagen, nicht aber den Inhalt. Alle Gesetze, die eine** nicht kommerzielle Verbreitung und Nutzung des Wissens stören, sind nichtig. Wer den Aufwand des Kopierens und Verbreitens unentgeltlich auf sich nimmt, hat damit seine Schuldigkeit gegenüber dem Urheber und der Gesellschaft getan. Nur wer daran verdient, hat sich zu rechtfertigen und ist in der Pflicht, klar zu umreißen wofür eigentlich? Intellektuelles Eigentum gehört allen Wesen, die ein Bewusstsein besitzen oder hierzu fähig sind.

Schöpfungsförderung

Die einen reisen und schreiben Berichte über das Land hinter dem Horizont, andere entwerfen Schiffe und Instrumente, noch andere fassen fremde Zeugnisse zu Karten und Plänen zusammen, ohne das Zimmer zu verlassen oder eine Werkstatt zu betreten. Die vorausgehenden Entwürfe helfen den Nachfolgern, sich besser vorzubereiten und den Wirkradius zu erweitern. Wohin die Reise auch geht: zu fremden Kontinenten, Planeten oder in das Innere des Erdballs, einer Zelle oder des Atomkerns – die Schöpfung ist eine Erschaffung von nie

Dagewesenem aus gemeinsam Erkundetem.

Die Schöpfung verwandelt das Denkbare zum Nutzbaren, das Mögliche zum Tatsächlichen. Da das Reisen ins Unbekannte erfolgt, sind die Resultate nicht vorhersagbar, nicht planbar. Das Ziel der Lebensbewegung ist **die Unterstützung des Schöpferischen und Aufhebung willkürlicher und physikalischer Hindernisse.**

Das Hinauswachsen über alle erdenklichen Grenzen ist das schönste Gefühl, das den Menschen beflügelt. **Heureka ist das unantastbare Recht jedes Lebewesens. Einer Erlaubnis bedarf es hierzu weder von der Politik, Ethik, Moral oder sonstiger selbstgefälliger Gremien. Alles, was das Bewusstsein erweitert, ist ausdrücklich erlaubt. Jegliche Einmischung in die Erkenntnis ist rechtswidrig. Auch der Unsinn bedarf keiner Verbote. Er bestraft und devaluiert sich und seine Träger selbst.**

So sehr sich die Dummheit auch anstrengt, sie bringt nichts weiter als Totgeburten zur Welt. Die Fehlgriffe zeigen den Menschen wiederum anschaulich, was sie meiden sollten und immunisieren sie gegen Unfug.

Mündigkeit

Jedes Programm ruht auf den Schultern derer, die sich mit seinen Zielen identifizieren. Der Grundstein des menschlichen Zusammenseins ist die Freizügigkeit der Vereinsbildung.

Läuft das Vereinsleben oder ein kleiner Teil davon gegen die Zweckvorstellungen der Mitglieder, so sollen die Mitglieder den Verein verlassen oder ihre Tätigkeit darin ruhen lassen. Sie können neue Verbündete suchen, Rat halten oder neue Verbände gründen, die ihre Ziele angemessen vertreten. **Der Lebensverein soll die freie Beweglichkeit zwischen allen Verbänden maximal gewähren und die Souveränität der Mitglieder garantieren. Hierzu gehören: Wahrung der Privatrechte, eine materielle Unterstützung bei der Suche nach der eigenen Berufung, Ausdehnung des Lebensalters und der produktiven freien Zeit, Verkürzung der Pflichtarbeitszeit und der Pflichtarbeitstage auf das minimale noch von den Produktivkräften geforderte Maß, alters- und genehmigungsfreier**

Zugang zu Bildung sowie zur Ausübung der Berufe, Schaffung einer Welt, in der Können statt Zertifikate entscheiden. Ist die Eignung da, soll es vielfältige unbürokratische Möglichkeiten geben, das noch fehlende Grundwissen (dort wo erforderlich) nachzuholen. Bildung soll helfen und nicht trennen und beschneiden.

MENSCHEN VON MORGEN

Das Bewusstsein streut in jeden Menschen die Samen des Weltenschöpfers. Der Drang, die Welt zu verbessern, reicht bei einigen zum Wunsch, seine Wohnung, den Garten, das Haus umzukrempeln. In anderen erwachen Sehnsüchte von Städte- und Raketenerbauern. Den Hang zur Gestaltung einer besseren Welt findet man sowohl beim Obdachlosen als auch beim Präsidenten.

Für die Ideale des Glücks, der Gleichheit, der Freiheit, der gesunden Umwelt waren Menschen bereit zu kämpfen, zu leiden, Widersacher und Uneinsichtige zu bezwingen, Unverbesserliche zu köpfen. Die eigenen und die fremden Opfer heiligten die vermeintliche

„Erhabenheit" mancher Ideale. An den resultierenden Bacchanalien des Todes und der Zerstörung waren stets die anderen schuld, die aus irgendwelchen Gründen das vorgezeichnete Paradies verschmähten. Gleichzeitig bestand seit eh und je ein anderes Herangehen, nicht weniger gefühlsmäßig. Auch da waren die Träume von einer besseren Welt führend, nur wurde die Ausführung in die eigenen Hände genommen. Gehandelt wurde aus innerer Überzeugung und unabhängig davon, was jemand davon hielt. Lasst uns zusammen mit diesem Tüftler und Wegbereiter nachdenken, wie diese künftige Welt und vor allem **der künftige Mensch** aussehen sollte. Soll dieser Mensch weniger anspruchsvoll, weniger dreist sein, soll er Gesetzen und Weisungen brav folgen, mit allem zufrieden sein, was man ihm „großzügig" zuteilt? Gott bewahre!

Unser Vorbild ist:

- ein Mensch, der nicht einige Jahrzehnte, sondern Jahrhunderte und Jahrtausende lebt,

- ein Mensch, dem statt weniger tausenden Watt Energie, Trillionen Watt zur

Verfügung stehen,
- ein Mensch, dessen Leben und Wirken nicht eingepfercht in wenigen Quadratmetern Wohn- und Arbeitsfläche abläuft, sondern sich in den unendlichen Weiten des Weltalls vollzieht.
Nicht bescheidener, immer anspruchsvoller sollte jeder Einzelne werden! Dabei sollte man seinen Reichtum nicht verstecken, sondern möglichst offen tragen und an seinem Lebenswerk anschaulich demonstrieren, was jedermann erreichen könnte, man soll Beispiel, Ansporn und Hilfe allen anderen sein. Reichtum ist kein Besitz, sondern Können.

Für die Herausbildung eines solchen Menschen nutzen weder Züchtigung noch Züchtung. Dieser Mensch kann nur in jedem Einzelnen keimen. Jeder hat mit sich selbst zu beginnen, soll streben, suchen und beweisen, wie man besser, länger und freier leben kann. Eine Alternative zur Selbstverbesserung gibt es nicht. Wer marktschreierisch seine Richtigkeit und Überlegenheit ankündigt, ohne wirklich etwas zu bieten, stiehlt lediglich kostbare Lebenszeit.

Haus der Menschheit

Die Schöpfung ist anfällig wie alles Entstehende und bedarf eines Ortes, wo sie geschützt reifen kann. Religionen haben hierfür das Wort Kirche, Dom (=Haus) genommen. Benötigt man denn eine andere Bezeichnung für den Rückzugsort der Lebensbewegung als das **Haus der Menschheit**?

Das Haus der Menschheit ist ein Nest, ein Kindergarten, ein Forschungslabor, eine Bastelwerkstatt und zugleich eine verschworene Gemeinschaft für die gemeinsamen Schöpfungen des künftigen Lebens. Hier laufen einzelne menschliche Bestrebungen zur Vervollkommnung zusammen, verflechten und befruchten sich. Die Tür steht jedem offen und lädt ein.

Wo sollen seine Räume liegen? Das Haus der Menschheit hat keine bestimmte Adresse. Es ist überall dort, wo Entscheidungen zugunsten des Lebens fallen. Die Menschheit nutzte bisher intuitiv und ungeregelt jeden Ort hierzu. Es ist an der Zeit, diese spontan entstandenen „Feuerstellen" bewusst auszubauen. Spezielle

Organisationsformen und Mittel werden sich mit der Zeit herausbilden. Man muss nicht auf eine Aufforderung oder ein Zeichen warten. Für das Haus der Menschheit ist jedes Lebewesen ein Anwärter, Erbauer, Schützer und Hohepriester zugleich. Jeder ist sein Mitglied und Missionar gemäß seiner Reife, wobei mir das Wort Lehrer bzw. Meister gefällt besser.

Insignien

Unter welchem Zeichen könnte das Haus der Menschheit auftreten? Gewiss lässt sich jedes Wappen, jedes Symbol mit beliebigem Inhalt belegen. Braucht man deswegen überhaupt eines?

Nun, ohne Logo kann man heute nicht einmal eine Internetseite aufbauen. Lasst uns den Stern über dem Haus zum Symbol der Bewegung machen. Schließlich soll das Haus der Menschheit jedem einzelnen dienen.

Trotz Unterschiede und zur Schau gestellter Unversöhnlichkeit, laufen wir alle unter den

Sternen und sind gleich weit von den Sternen entfernt. Sterne schmücken amerikanische, EU, arabische, indische, chinesische, kapitalistische wie kommunistische Fahnen. Der Stern soll der Lebensbewegung allerdings kein Schmuckelement sein, sondern den Leitstern des Weges und des Ziels darstellen. Die Farbe darf sich jeder nach Land, Sprache und seiner Tradition selbst wählen: schwarz wie die Unendlichkeit des Nachthimmels, rot wie die Verheißungen der Morgenröte, gelb wie die Sonne, blau wie der Ozean, leuchtend-weiß wie die Milchstraße, grün wie die Wiesen und Wälder. Alle Farben sind schön.

Leuchte unser Stern, leuchte
und sei gewiss – wir sind auf dem Weg, wir
kommen!

DAS VORDRINGLICHE:

Um sich nicht zu verzetteln, sollte man ein paar Eckpunkte auswählen und seine alltäglichen Mühen und Fortschritte daran messen. Darum diese kurze Zusammenstellung.

Was wollen wir zuallererst anstreben:

– schrittweise Vergrößerung der menschlichen Lebensdauer bis zu 300 Jahre.

Verkürzung der Pflichtarbeitszeit auf 8 Stunden pro Woche.

– Hebung des Wohlstands aller bis zu einem Niveau, das für die Herausbildung und Unterhaltung des Bewusstseins ausreicht.

– Kompromissloser Bann aller Beschränkungen für nichtkommerzielle Haltung und Verbreitung von Produkten des Geistes.

–Verfügbarkeit und Zugänglichkeit von Bibliotheken überall, für Alle und zu allen Themen.

– Freiheit bei der Vereinsbildung sowie Schutz privater Rechte und des Eigentums, die hierzu erforderlich sind.

– Souveränität des Menschen. Umsetzung der Demokratie, Stärkung der Verantwortung von Regierungen vor den Wählern.

– Olympischer Geist von Allen in Allem, auf dem Wege zu den Sternen.

168